TABLEAU COMPARATIF

DE

L'HISTOIRE MODERNE.

TABLEAU COMPARATIF

DE

L'HISTOIRE MODERNE,

OUVRAGE ADOPTÉ COMME CLASSIQUE OU ÉLÉMENTAIRE

PAR LE GOUVERNEMENT,

POUR LES LYCÉES, LES ÉCOLES SECONDAIRES, &c.

Faisant suite au TABLEAU COMPARATIF DE L'HISTOIRE ANCIENNE du même Auteur.

Par CH. S. *LE PREVOST-D'IRAY,*

Censeur des Études du Lycée Impérial, ci-devant Professeur d'Histoire aux Écoles centrales de Paris.

A PARIS,

DE L'IMPRIMERIE IMPÉRIALE.

An XIII. = 1804.

Se vend à PARIS,

Chez {
RONDONNEAU, au dépôt des lois, rue Saint-Honoré, près Saint-Roch;
LEVRAULT et SCHŒLL, rue de Seine;
BERNARD, Libraire, quai des Augustins;
LE PETIT, Libraire, Palais du Tribunat, galerie de bois.

Deux exemplaires ont été déposés à la Bibliothèque nationale, conformément à la loi du 19 juillet 1793, an II de la République.

CE TABLEAU de l'histoire moderne, comme celui de l'histoire ancienne, renferme vingt colonnes ainsi divisées ; 1.° celle des observations ; 2.° celle des époques générales ; 3.° et 4.°, à droite et à gauche, des peuples présentés chronologiquement, les siècles désignés par de grands personnages, d'un côté, et par de grands événemens, de l'autre ; 5.° seize colonnes remplies par les peuples les plus célèbres, offrant, de quatre siècles en quatre siècles, jusqu'en 1200, et ensuite de trois siècles en trois siècles, quatre grands tableaux de quatre colonnes chacun, en regard les uns avec les autres, suivant les rapports plus ou moins directs que ces peuples ont eus entre eux. Ainsi le tableau de l'Angleterre sera en rapport avec celui de la France ; celui de la Suède avec la Russie, &c. Enfin sont reléguées à l'extrémité du tableau, comme elles le sont géographiquement, deux colonnes ; celle de la Chine (et du Japon), et celle de l'Amérique.

Des Époques.

Pour rendre notre travail plus facile et plus méthodique encore, nous l'avons divisé en époques générales, que nous avons appelées époques du 1.er ordre et intermédiaires (ou du 2.e ordre); c'est-à-dire que nous établissons entre elles, si ce n'est pour le fond, au moins pour la forme, une légère différence.

Celles que je nomme du 1.er ordre sont bien plus faciles à retenir, parce qu'elles renferment un nombre de siècles fixe et toujours régulier. Nous comptons quatre siècles, d'Auguste à l'invasion des barbares; de l'invasion des barbares, à Charlemagne, quatre siècles; de Charlemagne, quatre siècles encore, à la prise de Constantinople en 1204; ensuite deux époques d'environ trois siècles chacune, jusqu'au traité de Lunéville. (Ainsi, en nous résumant, 3 fois 4, 2 fois 3 = 18.) Voilà à quoi se réduit toute notre chronologie jusqu'à nos jours. Les époques du 1.er ordre se trouvent, par ce moyen, placées en tête de chaque colonne, comme on peut en juger par le tableau suivant (celui des époques générales). La première époque est en tête de la première colonne; la seconde, de la deuxième colonne; la troisième, de la suivante, &c. tandis que les époques intermédiaires sont, pour ainsi dire, intercalées dans les précédentes. Celles du 1.er ordre seront indiquées par des lignes horizontales et des mains (signes indicatifs) ; celles du 2.e ordre, par des mains seulement.

Des Siècles.

Le siècle par lequel j'ai terminé le tableau de l'histoire ancienne, est celui d'Auguste, intermédiaire, pour ainsi dire, entre elle et l'histoire moderne : c'est pour marquer ce passage de l'une à l'autre, que j'ai désigné ce siècle par le chiffre zéro. Ce beau siècle, malheureusement borné à un petit nombre d'années, est comme le lien des deux histoires, et nous pouvons placer d'autres noms à la tête du premier siècle de l'histoire moderne.

Comme je désire encore conserver dans ma division des siècles, celle des personnages et des événemens contemporains de l'Orient et de l'Occident, je préviens que parmi les événemens de l'Orient, je placerai ceux dont Constantinople aura été le théâtre, afin de concilier ma chronologie avec la division des deux empires. Cette marche aura d'autant moins d'inconvéniens, quoique l'empire Ottoman soit en grande partie dans l'Europe, que les mœurs asiatiques s'y sont perpétuées, et que le système de son gouvernement est absolument étranger à celui des autres états européens.

Tout l'intérêt historique s'étant reporté vers de nouveaux peuples et de nouvelles régions, il y a, dans un tableau d'histoire raisonnée, impossibilité de faire correspondre aux divisions anciennes les divisions nouvelles. Tous les peuples étant venus s'engloutir dans l'empire romain, c'est un autre ordre de choses qui recommence; ce sont de nouvelles nations qui s'élèvent sur les débris de ce colosse. Que l'on consulte le tableau de l'histoire ancienne, et l'on verra qu'excepté l'Italie et la Sicile (liée à son sort), ce que le monde avoir de plus policé est redevenu barbare, et que la civilisation a remonté vers le Nord.

Pour les commençons, il est deux choses essentielles à retenir : les divisions par siècles, et celles par époques générales. Les divisions par siècles, plus simples, plus naturelles, sont aussi plus faciles; elles aident la mémoire : les divisions par époques générales, développent davantage le jugement. Les premières servent merveilleusement pour les histoires particulières ; les secondes font mieux sentir les rapports de ces parties avec l'ensemble. Ce n'est qu'après une étude ainsi raisonnée de l'histoire, que l'on peut s'occuper des époques particulières à chaque peuple, par la raison qu'alors on peut soi-même les classer, trouver leur place dans le tableau des époques générales, et qu'on retient toujours mieux ce que l'on a appris avec connoissance de cause ; c'est-à-dire, par le moyen de l'analyse, ayant déjà quelques fils à l'aide desquels on se reconnoisse dans le dédale de l'histoire. On conçoit que les époques générales seroient improprement appelées ainsi, et plus improprement choisies, si elles ne se rapportoient à tous ou du moins à presque tous les peuples dignes d'être connus, si elles ne présentoient comme une espèce de revue immense, où l'on pût, d'un coup-d'œil, faire passer sous ses yeux, observer presque sur la même ligne tous les peuples, tous les événemens contemporains. Dans le mode chronologique que nous avons adopté, il est encore une chose digne de remarque, et propre à faciliter singulièrement l'étude de l'histoire; c'est pour l'étendue d'un siècle, cet espace qu'il n'a presque point été donné à l'homme de franchir, suffit souvent pour changer le spectacle de la terre, qui a toute entière été renouvelée dans cet intervalle. Par exemple, le siècle écoulé depuis le traité de Westphalie jusqu'à celui d'Aix-la-Chapelle, est une espèce de cadre historique détaché du grand tout, qui peut être envisagé séparément, et qui même, à ses époques partielles, comme je le démontrerai dans un autre ouvrage : mais il viendra peut-être un jour où l'on confondra dans l'histoire les temps voisins du traité d'Aix-la-Chapelle, et ceux qui sont liés nécessairement avec le traité de Lunéville. Qu'est-ce en effet que l'intervalle d'un demi-siècle dans la série des temps ! Mais pour nous qui avons vu de près les choses, que d'événemens dans ces deux époques ! au lieu de les confondre, que d'époques intermédiaires ne serions-nous pas tentés de placer entre elles ! Ah ! sans doute il doit en être de même pour nos neveux, s'ils veulent méditer ces pages de notre histoire. Qu'ils examinent l'état du monde comme à l'une et à l'autre époque; qu'ils jettent un vaste coup-d'œil non-seulement sur l'Europe, mais sur le reste du globe, et ils diront quelle étonnante ligne de démarcation doit se placer entre les deux. J'ignore si je me trompe; mais il me semble qu'un tel rapprochement bien conçu, hardiment dessiné, seroit une excellente introduction à l'histoire de notre siècle. Mais j'oublie que je ne fais qu'un tableau, que non-seulement mes moyens, que mes lignes même, sont comptés.

Pour que l'ouvrage puisse paroître également sous la forme de tableau et de volume, j'en ai fait tirer un grand nombre d'exemplaires susceptibles d'être collés sur toile, pouvant reproduire, si l'on veut, 1.° la totalité du tableau ; 2.° autant de tableaux que d'époques ; 3.° autant de tableaux que de colonnes particulières, &c.

Cette sorte d'ouvrage présentant dans le cadre le plus resserré possible, le principe, l'enchaînement des faits les plus importans, et les rapports de tous les empires entre eux, peut être regardée comme la première clef des connaissances historiques. Si un tel précis, par sa rapidité, ne permet pas de laisser échapper le fil des événemens, on concevra de quel secours il peut être pour la mémoire, le lecteur pouvant d'un seul élan se transporter, par la pensée, sur toute la terre. Pour lui l'histoire redouble d'intérêt et devient une espèce de féerie : il voit d'un coup-d'œil, sans en être plus distrait, ce qui se passe aux extrémités du globe; saisit l'enchaînement des révolutions qui paroissent les plus étrangères l'une à l'autre ; et, dans une sorte d'étonnement perpétuel, démêlant entre tout ce qu'il voit à-la-fois, les rapports les plus intimes, se sent attacher avec plus de force à la lecture, et y revient avec transport. « Je voudrois, à l'égard de la chronologie (dit d'Aguesseau à son fils), que vous vous fissiez vous-même des tables, des époques de l'histoire de chaque peuple comparées les unes avec les autres. » Bolingbroke renchérit encore sur les idées de notre savant chancelier, en saisissant ainsi ce genre d'ouvrage dont il conçoit toute l'importance : « Il n'y a rien, à mon avis, de si difficile à exécuter que ces sortes de mappesmondes » politiques qui fournissent plus de vues à » l'esprit que de faits à la mémoire, sont » nécessaires pour lier et éclaircir les événe-» mens, et qui doivent être si concises, et » cependant si pleines, si compliquées et si » claires en même temps. »

Comme cet ouvrage vient d'être déclaré élémentaire pour les lycées par le Gouvernement, plusieurs personnes m'ont demandé quelques notions sur la manière de s'en servir : je vais m'expliquer en deux mots; il faut faire apprendre d'abord à ses élèves la colonne des époques générales; c'est une espèce d'échelle de proportion d'après laquelle nous mesurons tous les peuples; et même comme il n'est point de colonne qui ne soit mise en rapport avec celle des époques, il s'ensuit qu'elles doivent toutes se rapporter entre elles. Ainsi nous commençons par faire rapporter la première colonne des peuples avec celle des époques générales; la seconde de même avec celle des époques, et de plus avec la première des peuples, et ainsi successivement jusqu'à l'entier dépouillement du tableau; or, dans cet ouvrage, ce travail préliminaire et indispensable est tout fait non-seulement pour l'élève, mais pour le maître qui adoptera cette méthode, puisque dans chaque colonne les événemens qui se rapportent aux époques générales sont marqués par des lignes horizontales, des signes indicatifs, &c. Ces bases une fois posées, le maître peut faire faire à ses élèves quelques extraits d'une histoire plus étendue, mais toujours en rapport avec le tableau. Ce moyen, qui m'a constamment réussi, est facile et avantageux pour l'élève, qui, par-là, apprenant à lire avec fruit, à raisonner ses lectures, peut même se former le style par l'imitation des bons modèles. Mentelle, dans la nouvelle édition de son cours, qui vient de paroître (1.er vol. p. 100), consacre un article à développer la méthode adoptée dans ce tableau. Je puis dire qu'il a saisi en entier le plan de cet ouvrage, et le but pour lequel il a été composé.

Nota. Dans le tableau en feuilles détachées, sur deux colonnes nous en laissons une en blanc, où l'élève pourra placer soit les réflexions du maître, soit ses propres observations.

ÉPOQUES GÉNÉRALES.

[Chacune de ces époques est chronologique, historique et philosophique.]

1.ᵉ ÉPOQUE DU 1.ᵉʳ ORDRE.

De l'ère vulgaire................... an 1.ᵉʳ
Durée........................... 405 ans.

Empire universel. AUGUSTE.

Germes de décadence. — Religion naissante.

Pendant quatre siècles l'histoire générale va se borner encore presque toute entière à la seule histoire romaine; mais elle n'en offrira plus que les débris. L'établissement de la garde prétorienne, qui remonte jusqu'à Auguste; la destruction du grand empire des Huns par les Chinois, l'an 93, événement qui va presser les peuples sur les peuples du côté de l'Occident, sont les germes d'une destruction prochaine. Les deux premiers siècles sont encore brillans par le goût des arts et de la littérature. Au troisième, l'empire est affoibli et déchiré par la licence et la discorde des gens de guerre qui combattent pour le choix d'un maître; enfin, dans cette époque, nous comprenons la suivante, qui est d'un siècle (de 306 à 405), sous le nom d'époque du second ordre ou intermédiaire.

1.ᵉ ÉPOQUE INTERMÉDIAIRE.

De J.-C........................ 306 ans.
Durée........................... 99.
pour 100 ans.

Byzance, siège de l'Empire. CONSTANTIN.

Partage impolitique entre ses enfans. — Christianisme sur le trône impérial.

L'empire va encore se maintenir pendant un siècle entier dans une sorte de lustre, ce qui complète les quatre siècles où Rome, moins libre, mais toujours glorieuse, conserve l'empreinte de sa première grandeur. Cependant, sous le rapport des sciences, elle n'en offre plus que l'image. Rome, ou plutôt Byzance, qui la remplace, ne voit de beaux édifices s'élever dans son sein, les plus beaux monumens transportés dans ses murs, que pour en jouir à peine. Presque tous les arts ont péri : l'architecture seule, encouragée par Dioclétien, Constantin, Hélène, semble ne leur survivre un moment que pour tomber dans une barbarie dont elle n'a été tirée que douze siècles après.

1.ᵉ Trois siècles, 2.ᵉ un siècle = 4.

2.ᵉ ÉPOQUE DU 1.ᵉʳ ORDRE.

De J.-C........................ 405 ans.
Durée........................... 395.
jusqu'en 800.

Invasions des Barbares. THÉODOSE.

Destruction de l'Empire d'Occident. — Monarchies nouvelles.

Nous avons mis à la tête de cette époque désastreuse, le nom de Théodose pour éviter d'y placer celui du cruel Alaric, du féroce Attila. Si même Théodose eut l'imprudence de diviser l'empire entre ses deux fils, il prépara donc en partie cette époque : il peut être placé à la tête par ses grandes vertus, et même par ses fautes.

« Si l'on vouloit, dit Robertson, fixer le période où le genre humain fut le plus misérable, il faudroit nommer, sans hésiter, celui qui s'écoula depuis la mort de Théodose jusqu'à l'établissement des Lombards en Italie (173 ans). » On peut faire faire à ses élèves un résumé de l'histoire universelle à cette époque, d'après cette espèce de principe général; et l'on en verra la vérité confirmée par ce qui se passoit alors sur toute la terre, si l'on excepte quelques années du règne de Théodoric. Je regarde ce moyen de choisir quelques propositions générales avancées par les bons auteurs, et de les vérifier soi-même, comme une méthode facile et intéressante pour bien apprendre l'histoire.

2.ᵉ ÉPOQUE INTERMÉDIAIRE.

De J.-C........................ 622 ans.
Durée........................... 178.

Religion asiatique. MAHOMET.

Sources de révolutions en Orient. — Leur influence sur l'Occident.

Par le plan de Mahomet, sous le rapport politique et religieux, son culte, conforme à la chaleur du climat qui l'a vu naître, favorise les passions. Sûr de ses troupes, il se tourne d'abord contre les Romains humiliés en Orient depuis plusieurs siècles. Quand il s'est fait craindre d'Héraclius lui-même, il s'allie avec lui contre Cosroës. (Enchaînement. Arabes en Espagne, Sicile.) Cette époque, de 622 (pour 600), tient à-peu-près le milieu.

1.ᵉ 217, 2.ᵉ 178 ans = 395 ans = 4 S.

3.ᵉ ÉPOQUE DU 1.ᵉʳ ORDRE.

De J.-C........................ 800 ans.
Durée........................... 404.
pour 300.

Rétablissement de l'Empire d'Occident. CHARLEMAGNE.

Cette période, encore de quatre siècles, nous présente l'empire d'Occident rétabli par Charlemagne, devenu la proie des Allemands sous le nom d'Empire germanique, et tombé dans un état de foiblesse auquel on ne trouveroit rien de comparable, si l'empire d'Orient n'étoit pas plus défaillant encore. Pendant ce temps Egbert, élevé à l'école de Charlemagne, établit un seul royaume sur les débris de l'ancienne heptarchie, événement intéressant, puisqu'à cette époque il rejoint l'histoire de l'Angleterre à celle du reste de l'Occident.

3.ᵉ ÉPOQUE INTERMÉDIAIRE.

De J.-C........................ 962 ans.
Durée........................... 242.

Origine de l'Empire d'Allemagne. OTHON-LE-GRAND.

Décadence de la maison de Charlemagne. — Extinction des lumières. (Suite des nouvelles invasions.)

Les Saxons opprimés par Charlemagne se sont réfugiés chez les Danois, les ont sollicités à la vengeance, et ont fait partager à ces pirates leur ressentiment, par l'espoir du pillage. (Suites.)
La vengeance s'est étendue sur l'entière et foible postérité de ce grand homme; et des princes Saxons montent sur son trône.
J'aurois pu choisir, pour époque intermédiaire, les croisades commencées en 1095; et je l'aurois fait infailliblement, si l'époque suivante, qui en est la suite, et que j'ai adoptée pour la régularité du plan, n'en renfermoit un des événemens les plus remarquables.

Nota. Depuis l'an 1304 jusqu'à nos jours, restent six siècles, que nous partageons en deux époques du 1.ᵉʳ ordre d'environ trois siècles chacune.

1.ᵉ 162, 2.ᵉ 242 ans = 404 ans = 4 S.

4.ᵉ ÉPOQUE DU 1.ᵉʳ ORDRE.

De J.-C........................ 1204 ans.
Durée........................... 288.
pour 300.

PHILIPPE AUGUSTE. GODEFROI DE BOUILLON. Prise de Constantinople par les Croisés.

Esprit religieux et chevaleresque. — Premier pas vers le retour des lumières.

Cette époque, liée aux croisades, dont elle fait partie, ne peut être considérée que comme une suite de leur ardeur toujours renaissante depuis plus d'un siècle; elle renferme les temps héroïques de l'histoire moderne. Nous plaçons à l'an 1200 l'invention de la boussole, et la quatrième croisade, dont la prise de Constantinople est la suite, en 1204. La même année offre l'origine de l'inquisition, dont les rapports avec une des premières causes des croisades se démontrent d'eux-mêmes.

4.ᵉ ÉPOQUE INTERMÉDIAIRE.

De J.-C........................ 1300 ans.
Durée........................... 192.

RODOLPHE DE HABSBOURG. OTTOMAN, fondateur de l'Empire Turc.

Nouvelles Maisons sur le trône. — Nouveaux Empires. (Source de révolutions.)

1.ᵉ Nouvelle dynastie sur le trône de Suède. 2.ᵉ Le trône de Sicile occupé d'abord par les descendans de Tancrède, ensuite par la maison des Souabes, venoit d'être usurpé par celle de France, dans la personne du duc d'Anjou, frère de Saint-Louis, contre le sentiment de ce roi généreux, pour devenir après dix-sept ans la proie des rois d'Aragon. Les usurpateurs n'ont pas joui long-temps du fruit de leurs crimes; ils en ont même été cruellement punis. (Vêpres siciliennes.) 3.ᵉ Cette même maison d'Anjou parvient au trône de Hongrie en 1301. 4.ᵉ Stuards, en Écosse. 5.ᵉ Branche de Valois, en France. 6.ᵉ La maison de Luxembourg réunissant l'Empire et le trône de Bohême, &c. 7.ᵉ et 8.ᵉ (Voy. Ottoman, Rodolphe, &c.)

1.ᵉ 96, 2.ᵉ 192=288 ans pour 3 S.

5.ᵉ ÉPOQUE DU 1.ᵉʳ ORDRE.

De J.-C........................ 1492 ans.
Durée........................... 309.

CHRISTOPHE COLOMB. CHARLES-QUINT. Découverte du nouveau monde.

Découvertes et progrès en tout genre. — Origine des guerres de religion.

Ces trois siècles seuls, plus dignes d'être étudiés que les quinze précédens, renferment presque tout l'intérêt, toute la politique, l'oserois-je dire, toute la science de l'histoire moderne.
Un nouvel ordre de choses est la suite des nouvelles découvertes. Le commerce n'a plus d'entraves pour les peuples occidentaux; et avec lui, les richesses, les arts, les sciences, refluent vers le nord de l'Europe.

5.ᵉ ÉPOQUE INTERMÉDIAIRE.

De J.-C........................ 1648 ans.
Durée........................... 100.

LOUIS XIV. Traité de Westphalie.

Base de tous les intérêts politiques. — Gloire de l'Europe, et de la France en particulier, dans tous les genres.

Les lettres et les beaux-arts sont portés en Europe à un point d'où ils ne peuvent plus que descendre : tous les plus grands génies semblent naître à-la-fois. Les institutions littéraires le disputent aux établissemens de commerce. Heureux siècle où chaque année voit éclore de nouvelles richesses, et tous les chefs-d'œuvre de l'esprit humain !

6.ᵉ ÉPOQUE INTERMÉDIAIRE.

De J.-C........................ 1748 ans.
Durée........................... 53.
(un demi-siècle.)

MARIE-THÉRÈSE et LOUIS XV. Paix d'Aix-la-Chapelle.

La France médiatrice désintéressée. — Agrandissement du Nord.

Après Marie-Thérèse, Pierre-le-Grand, Frédéric, Charles XII, remplissent cette époque. (Voyez dix-huitième siècle.)

1.ᵉ 156, 2.ᵉ 100, 3.ᵉ 53 ans=309 ans=3 S.

6.ᵉ ÉPOQUE DU 1.ᵉʳ ORDRE.

Traité de Lunéville en 1801.

CONTEMPORAINS d'Occident	SIÈCLES désignés PAR DES HOMMES CÉLÈBRES.	CONTEMPORAINS d'Orient
Vespasien. Agricola. Tacite. Josèphe. Quintilien. Sénèque. Lucain. Les deux Pline. Properce. Juvénal.	**1.er — Des CÉSARS, et en particulier de TITUS.** Une peste désastreuse, l'éruption du Vésuve (Pline), un incendie qui consume les plus beaux édifices de Rome, s'offrent à Titus, comme autant d'occasions d'exercer sa bienfaisance, et sont bientôt mis là de sa mort, calamité comparable à toutes les autres. Il est enlevé à l'amour des Romains, après un règne de deux ans deux mois et vingt jours; car il faut compter les jours de celui qui n'en perdoit aucun.	Ben Akyont. Plutarque. Tridon. Théodon. Philon, Juf. Pétrone. Josèphe. Épictète. Saint Paul. Apollonius de Tyane.
Trajan. Hadrien. Antonin. Marc-Aurèle. Papinien. Plutarque. Galien. Lucien. Pausanias. Sextus.	**2. — Des ANTONINS.** Par la longue tyrannie de Domitien s'est terminé un siècle entier d'oppression qui n'est suspendu qu'aux jours heureux de Vespasien et de Titus. A Nerva commence un siècle de bonheur; c'est celui des Antonins. L'ordre est rétabli dans l'empire, dans les finances, dans l'armée; des villes sont rebâties, des édifices, des monuments, des chemins fameux sont construits par des mains victorieuses.	Ptolémée II. Philon de Byblos. Appien. Plutarch. Aristide.
Alexandre Sévère. Aur. Claude. Probus. Dioclétien. Ulpien. Hérodien. Justin. Dion.	**3. — Des TYRANS.** Ce siècle offre plus d'empereurs que les deux précédents réunis, (pourquoi!) Vengeance, suite des usurpations. Le sceptre sera le prix de l'assassinat. Comme les troupes le vendent, éclat même qu'elles portent sur le trône, devient un ennemi dès qu'il y est placé: s'il se présente un autre acheteur assez fort pour y parvenir, à son tour il ne l'est plus assez pour se défendre. Son crime est d'être empereur. La victoire est toujours à celui qui ne l'est pas encore. (Des trente tyrans, sous Gallien. Voy. ce prince.)	Artémon. Ciprien. Zénobie. Sopater. Hérodien. Longin. Porphyre. Saint Clément d'Alexandrie. Théoctène. Origène.
Constance. Théodose. Ammien-Marcellin. Végèce. Ausone. Quinte-Curce. Aristide. Lactance.	**4. — Des trois EMPEREURS (CONSTANTIN, JULIEN, THÉODOSE),** dont les trois règnes semblent ainsi embrasser tout ce siècle. Précédé par ceux des enfants de Constantin, et suivi par ceux presque aussi funestes de Jovien, Valentinien, Valens et Gratien, le règne célèbre de Julien paroît se réunir, pour remplir l'intervalle, aux règnes illustres de Constantin et de Théodose, dont l'un commence et l'autre finit le siècle et l'époque.	Sapor II. Ezdégerd. Eusèbe. Hiérophile. Ausone. Grégoire de Naziance.

Suite des SIÈCLES DES HOMMES CÉLÈBRES, &c.

CONTEMPORAINS d'Occident	Suite	CONTEMPORAINS d'Orient
Odoacre. Clovis. Saint Éloi. Séverin. Rémi. Sozomène. Sidoine Apollinaire. Julien Salvien.	**5. — Des PRINCES (et peuples) barbares:** Attila et ses Huns; Alaric et ses Visigoths; Odoacre et ses Hérules; Mérouée et ses Francs; Genséric et ses Vandales. Que de flots de sang répandus! que de forfaits commis! que de ravages exercés dans tout l'Occident, dont il est doux de voir Saint Léon sécher les larmes! (Voy. Papes.) Le seul Aétius soutenoit la gloire des armes romaines et de l'empire. Sa mort, qui fut à-la-fois un crime et une calamité, ouvre la porte aux plus grands désastres.	Fédar. Zénon.
Théodoric. Boèce. Symmaque. Avitus des Fortunat. Cassiodore. Grégoire de Tours.	**6. — De THÉODORIC et de BÉLISAIRE.** Théodoric, l'homme le plus extraordinaire de son siècle, barbare et protecteur des sciences, émule et contemporain de Clovis, auquel on peut le comparer à tant d'égards, eût même été un grand prince, s'il n'eût souillé par des crimes la fin d'une si belle vie. Citer Bélisaire, c'est nommer à-la-fois le héros de son siècle, et offrir un grand exemple des vicissitudes humaines. Autre Aétius, il rendit à l'empire une partie de ses provinces et de son lustre; sa disgrace également fut le salut des Goths dont il avoit été l'effroi.	Justin. Justinien. Tribonien. Mauricen. Licomède. Isidore de Byzance. Bélisaire. Narsès. Trib., etc. Procope.
Crispin-Conrad. Saint Éloi. Marulfe. Saint Léger. Isidore de Séville.	**7. — Des CALIFES ou VICAIRES DE MAHOMET.** Mahomet donne son nom à l'époque qui l'a vu naître, et ses successeurs à leur siècle. Il semble leur avoir communiqué son génie ardent, et produit des hommes dignes de lui; ses quatre premiers capitaines furent appelés les épées de Dieu. Connaître faire connaître à-la-fois Ali, le plus puissant, Aboubecker, le plus sage, Othman, le plus pacifique, Omar, le plus brave des Arabes!	Héraclius. Cosroès II. Mahomet. Aboubecker, &c. Tai-Tsong, empereur de la Chine.
Pépin. Didier. Grégoire II. Zacharie. Astolphe 1er. Fredegaire. Alcuin. Bède. Nivelle.	**8. — De CHARLES MARTEL, et d'ALMANZOR,** protecteur des sciences, des arts, fondateur de Bagdad, et qui a appelé à lui les savants de Constantinople. Le nom de Charles Martel est lié à une des plus brillantes époques de l'histoire. Les Arabes, vainqueurs de la moitié du monde connu, menacent d'envahir le reste. Des armées victorieuses qui se dirigent à-la-fois vers Paris et Constantinople, doivent se réunir à Rome, et soumettre l'univers entier à l'islamisme. C'est dans les plaines de Tours que Charles, vainqueur des Sarrasins, sauve à-la-fois sa religion, sa patrie et l'Europe.	Walid. Soliman. Almanzor. Abou-Nowas. Daphli, poète arabe. Abou-Hanifah, le Sages des Musulmans.

Suite des SIÈCLES DES HOMMES CÉLÈBRES, &c.

CONTEMPORAINS d'Occident	Suite	CONTEMPORAINS d'Orient
Léon III. Léon IV. Egbert. Alfred. Eginhard. Alcuin. Paul Diacre. Hincmar.	**9. — Des GRANDS HOMMES sur le trône** (Charlemagne, dans tout l'Occident; Haroun al-Rachyd, en Asie; Egbert, Alfred, en Angleterre, &c.). Il s'en faut bien que les siècles de combats soient des siècles de bonheur; il est rare même de voir les arts y pénétrer, pour offrir au moins aux mortels un léger dédommagement. Cet âge où brille une simple lueur, qui va bientôt faire place à une nuit plus épaisse, est encore environné de ténèbres. On ne peut qu'admirer davantage les efforts des grands princes si supérieurs à leur siècle, animés à-la-fois de la double passion de la gloire et des beaux-arts.	Haroun al-Rachyd. Platon. Al Thaleby. Rhazès, le Grand. Ebn-ol-Athir.
Fulbert, roi de France. Hugues Capet. Sorèthe-le-Cie. Alphonse-le-Cie. Hugues-le-Cie. Sylvestre II, seul savant, et le roi Robert (qui avoit été son disciple), mal Richauvé de l'Occident par l'espèce ci-dessur.	**10. — De GERBERT (depuis Sylvestre II) et d'OTHON LE-GRAND.** La nature sembloit s'être épuisée en produisant un Charlemagne, un Alfred. Robertson observe que les rayons de lumière qu'ils avoient fait naître, s'éteignirent avec eux. Recueillons pourtant comme un point de ralliement, dans ce naufrage des arts, le nom du célèbre Gerbert, l'homme le plus érudit de son siècle; il avoit appris les mathématiques des Sarrasins d'Espagne; il inventa le mouvement du pendule. Les noms d'Othon et de Hugues Capet indiquent de nouvelles maisons établies sur les débris des Carlovingiens.	Constantin Porphyrogénète. Scélide. Évagrius.
Grégoire VII. Henri IV, son adv. Conrad. Guill. le-Conq. Henri-de-Bourgogne. le Cid. Anselme. Arnoul. Fulbert. Gui-d'Arezzo.	**11. — Des PAPES TOUT-PUISSANTS** (Nicolas II, Alexandre II, Grégoire VII, Urbain II, &c.). Le plus fameux de ces papes qui portent à un si haut point dans ce siècle le pouvoir pontifical, fut, sans contredit, Hildebrand, l'âme de tous les conseils de ceux qui le précédèrent, et le modèle de ceux qui le suivirent. Esprit vaste, ardent, ambitieux avec des mœurs austères, le plus inflexible des hommes, le plus zélé des prêtres, il se regarde comme le dispensateur des couronnes: (source de tous les troubles.) Il avoit conçu le premier le plan des croisades réalisé par Urbain II.	Alexis Comnène. Léon, le grammairien. Al-Gazéli. Al-Kodhaï. Dyouhari. Adnul et Firdousi, poètes persans. Avicenne. Alaeddin Atanel, prince des poètes arabes. Somaquam, fameux historien chinois.
Alexandre III. Frédéric-Barberousse. Philippe-Aug. Richard Cœur-de-Lion. Raymond de T. Alphonse 1er roi de Portugal. Suger. Saint Bernard. Abélard. P. Lombard. Abeisaure et Aben-Esra, juif.	**12. — Des HÉROS CHRÉTIENS ET MUSULMANS.** D'un côté, Godefroi de Bouillon, Baudouin, Philippe Auguste, Richard Cœur-de-Lion (et par suite Louis IX dans le siècle suivant); de l'autre, Soliman, Noradin, Saladin, &c. Cette époque étrange, dont tant de circonstances rappellent les temps héroïques de la Grèce, porte au plus haut point l'esprit de chevalerie, épuise l'Europe, mais sape les fondements du régime féodal, et du sein de l'ignorance et de la superstition, prépare le règne des sciences et le retour des lumières.	Alexis Comnène II, bas Ange. G. de Jouill... Baudouin. Noradin. Averroès. Zerngi. El-Melic. El-Fehid. Isidore Tyrien. Eustathe. Guill. de Tyr. Phèdrus.

Suite des SIÈCLES DES HOMMES CÉLÈBRES, &c.

CONTEMPORAINS d'Occident	Suite	CONTEMPORAINS d'Orient
Innocent III. Brancas IV. Frédéric II. Louis IX. Thibaut, comte de Ch. Philippe-le-Bel. G. de Villehardouin. Encleur. Albert du le Gr. Alb. Mag. G. de Lorris. J. de Meun.	**13. — De ROGER BACON et de GENGISKAN.** L'un de ces deux hommes est un de ces barbares fameux qui parcourut toute l'Asie en la ravageant; l'autre, homme obscur, à l'ombre du cloître et des autels, est un des plus beaux génies de l'Occident: il n'a peut-être manqué à Roger Bacon pour éclairer son siècle, que de lui être moins supérieur. L'intervalle qui le séparoit de ses contemporains étoit trop immense pour qu'ils pussent le franchir. On vit sortir de ses mains des miroirs ardents: il prépara la découverte des télescopes; on croit même qu'il avoit trouvé la poudre à canon.	Saladin. Al. Tale bysn. Saadi. Alezfraye. ...
J. Sayard III. Louis de Bavière. Charles V, dit le Sage. Du Guesclin. Jouville. De Cugnières. Dante. Pétrarque. Boccace. J. de Ravenne. Frémssard.	**14. — Des RESTAURATEURS DES LETTRES (Dante, Pétrarque, Boccace).** Trois hommes ont épuré le langage italien, fixé la littérature; et comme l'Italie a été le berceau des lettres, c'est là qu'il faut chercher la source de presque tout ce qui s'est fait de beau dans le reste de l'Europe. Ce sont là nos premiers guides et nos maîtres. Du sein des guerres civiles, libre encore, mais toujours agitée, Florence, nouvelle Athènes, semble produire presque à-la-fois ces trois beaux génies qui vont régénérer l'univers. Quel souverain Rome ancienne opposera-t-elle à celui-ci! Ce siècle vaut bien celui des conquérants et des ravages de la terre.	J. Cantacuzène. Al. Abide. ...
Nicolas V. Pie II. Alonz de Wolfemar. J. Hunyade. Henri VII. Jean II, de Portugal. Emmanuel II. Le Comte de l'Anneau. Talbot. Alexis Chartier. Le Poge. Pic de la Mirandole. J. Hus. Cassini. Chaucer. N. Perozi.	**15. — De MAHOMET II, et de LAURENT DE MÉDICIS.** En plaçant à la tête de ce siècle Mahomet II, surnommé Bojaz (c'est-à-dire le Grand), que toutes ses victoires et ses hautes qualités n'empêchèrent point d'être un barbare, je demande grâce pour lui en faveur de Médicis. La prise de Constantinople fut, après l'influence des trois grands hommes du siècle précédent, la principale cause du retour des lettres en Italie. Ainsi, par ces deux noms, j'ai voulu, dans un même événement, rappeler à-la-fois la cause et l'effet. La Grèce devint barbare, et les débris des sciences passèrent en Occident.	Tamerlan. Bajazet. Scanderberg. Amurat. Confucius II. Constantin Paléologue. Amurath. Georg-Breg. Rojaz, fils de Ahamet II, fameux poète musulman.

Suite des SIÈCLES DES HOMMES CÉLÈBRES, &c.

CONTEMPORAINS d'Occident	Suite	CONTEMPORAINS d'Orient
Léon X. Richelieu. Morosini. D'Aguesseau. Gilbert. Gaddi. Le Tasse. Shakespeare. Fr. Bacon. Locke. P. Corneille. Milton. Boileau. Fénelon. La Fontaine. Boileau. Racine. Molière. Pascal. La Bruyère. Descartes, &c.	**16. — Des MÉDICIS, de FRANÇOIS Ier, et des artistes célèbres.** Nous venons d'analyser les causes; nous en voyons ici les heureux résultats dans les encouragements, la protection qu'accordent aux lettres les princes de cet âge (Côme de Médicis, Léon X, François Ier, Charles-Quint, &c.); encouragements, qui, comme autant de canaux bienfaisants, entretiennent, vivifient ce bel arbre de la science qui doit porter de si vastes rameaux. Ce siècle est vraiment le triomphe des arts. Qui ne voit avec intérêt Charles V, ramassant le pinceau du Titien; Léon X, s'honorant d'être l'ami de Raphaël, et Jules II, si fier avec les rois, s'humiliant devant Michel-Ange!	Ismael-Sophi. Sélim I. Soliman II. Barbarousse. Al-Djouahi.
Ashaz-Veh. Kamhi, emp. de la Chine. Les trois Kia-poll. Ferdinande. Mahomed-Effendi, riche célèbre historien persan.	**17. — De HENRI IV, de LOUIS XIV et des grands hommes en tout genre.** Un seul mot peint Henri IV, appelé, par son siècle, le Bon Henri; titre que lui confirme la postérité, et qui vaut mieux que celui de Grand. Sous d'autres rapports, il en est presque de même de Louis XIV. Plusieurs princes du nom de Louis ont été appelés Grands (Voy. Hongrie), et il n'y eut qu'un Louis XIV: ce nom seul est devenu un titre; ce seroit l'affaiblir que d'y ajouter, tant l'idée que nous y avons attachée est imposante; c'est qu'en effet il est impossible de séparer ce prince de tous les grands hommes de son siècle, dont il eût pu recevoir et auxquels il eût pu donner l'immortalité, si elle ne fût pas devenue à-la-fois le partage de tous et de chacun en particulier.	
Pierre le Grand. Marlborough. Eugène. Villars. Le cardinal de Fleury. Newton. Locke. Halley. Buffon. Cook. Albuquerque. Voltaire. Cassini. Boerhaave. Montesquieu. Chilière. Les deux Rousseau. Franklin. Frères. Lavoisier, &c.	**18. — Des ROIS CÉLÈBRES dans le nord de l'Europe** (Pierre-le-Grand, Frédéric, Charles XII, les deux Catherines, Gustave III). J'aurais pu joindre à ces noms trop récents pour y rien ajouter de plus, celui de Marie-Thérèse, s'il n'eût pas été à la tête de notre dernière époque. J'aurais pu en joindre bien d'autres; mais il faut craindre d'être partial, quand les événements sont voisins de nous. La statue de Phidias est l'emblème véritable de l'histoire, qu'on ne peut bien voir de trop près. Nous nous sommes imposé la loi de ne placer ici aucun personnage vivant, parce que tout ce qui existe encore appartient au dix-neuvième siècle.	Thomas-Kouli-kan. Nadir-Ali. Tippoo-Saïb. Ali-Bey, gouverneur des Bosmans. Daher. Hassan-Pacha, mort en 1807.

SYNCHRONISME

DES

PEUPLES LES PLUS CÉLÈBRES.

EMPIRE ROMAIN [*Par suite* , d'Occident et Germanique].	EMPIRE ROMAIN [*Par suite* , d'Orient, Ottoman , &c.]	*OBSERVATIONS.*
☞ Le politique Auguste continue de régner encore quatorze ans. Après lui, l'ombrageux Tibère , le féroce Caligula, l'imbécille Claude, Néron, qu'il suffit de nommer, désolent Rome et l'empire jusqu'en l'an 68. Dans une même année, quatre empereurs, dont Vespasien, à qui succèdent ses fils, Titus, les délices du monde, et Domitien, qui en est l'opprobre, le douzième et le dernier des Césars, jusqu'en 96 , époque où se termine naturellement ce siècle.	☞ L'empire d'Orient n'existoit pas encore; ses provinces, plus éloignées du centre, en étoient plus tranquilles. Intermédiaires entre Jérusalem et Rome, Antioche, Alexandrie, Athènes, accueillirent les premiers Chrétiens. Les Parthes étoient occupés ailleurs. (*Voy.* Parthes.) Le nom d'empire d'Orient ne fut réellement connu qu'en 395, quoique l'empire eût éprouvé jusque-là quelques partages momentanés.	
Cinq empereurs vertueux, Nerva, Trajan, Hadrien, Antonin, Marc-Aurèle, font, sans interruption (de 96 à 180), le bonheur des Romains. Ce beau siècle, unique dans les annales du monde, finira de même par un monstre (Commode), et ce monstre sera fils de Marc-Aurèle. Pertinax achète l'empire par ses vertus, Julius Didianus à force d'or, en 193.	Au commencement de ce siècle, la présence de Trajan reporta l'intérêt vers la partie orientale dont il recula les limites (son expédition des sources à l'embouchure de l'Euphrate) : marchant contre les Arméniens et les Parthes, il vient à Athènes en 113 ; Hadrien y vint à son tour, et l'embellit. Septime Sévère ouvre une porte aux barbares, en faisant raser , en 196, les fortifications de Byzance, qui avoit soutenu les intérêts de Niger. (*Voy.* Parthes.)	
C'est à Sévère, qu'une double guerre civile porte sur le trône la même année, et qui meurt en 210, que commence la décadence visible de l'empire. Suite d'usurpations rapides et de chutes sanglantes. Dans ce siècle, si nous en exceptons la fin, et le beau règne d'Alexandre-Sévère, entouré de monstres, les tyrans se suivent sur le trône : les Gordiens ne font qu'y passer. Depuis l'an 268, nous comptons du moins un Aurélius-Claudius, un Aurélien, un Tacite, un Probus ! Sous Dioclétien, en 284, ère des martyrs. (*Voy.* Orient.)	Dans ce siècle, l'Orient inquiété par les Perses, successeurs des Parthes. Empereurs humiliés; Valérien, captif de Sapor. Odenat et Zénobie, qui règnent à Palmyre, usurpent le titre de roi et de reine de l'Orient. Enfin l'orgueil d'Aurélien (en 273) s'indigne d'avoir dans une femme un ennemi redoutable, un compétiteur au sceptre du monde; et Zénobie, vaincue et non avilie, orne le char du vainqueur.	
☞ L'an 301, Constance Chlore, père de Constantin, et Galère, sont vainqueurs des barbares , l'un dans les Gaules, l'autre en Afrique. (*Voy.* Époques générales.) Sur Constantin (*voy.* Orient). Après lui, partage impolitique entre ses trois fils (imité à la mort de Théodose et après Charlemagne); une des causes qui s'unirent aux disputes théologiques, au changement du siége de l'empire, pour en hâter la ruine. Julien abjure le christianisme et se fait proclamer souverain pontife (sa politique). Suivent Valentinien, et Gratien qui s'associe Théodose.	☞ A cette époque, l'empire subsiste encore en entier; mais le centre n'en est plus à Rome. En 328, Byzance, sous le nom de Constantinople (ville de Constantin), devient le siége de l'empire, et reçoit l'hommage des nations. (Une des causes de sa destruction, quatre-vingts ans de disputes religieuses, Arianisme.)	
☞ A la mort de Valentinien II, frère de Gratien, pour la dernière fois, l'empire romain n'a qu'un maître dans Théodose, mort en 395.	☞ A la mort de Théodose, en 395, commence, sous Arcadius, l'empire d'Orient.	

La suite pag. 14.

ÉTAT DE L'EGLISE.	ÉTATS D'ITALIE.	OBSERVATIONS.

☞ Naissance de J.-C.; ère nouvelle; religion chrétienne (en rapport avec l'empire romain).

Saint Pierre, Galiléen, prince des apôtres, chef de l'église, mis à mort sous Néron, en 67, trois ans avant la prise de Jérusalem (suites). Saint Clément, quatrième pape, meurt l'an 100. (Néron avoit commencé en même temps la guerre contre les Juifs, et la persécution contre les Chrétiens.) Les agapes rappellent les mœurs patriarcales.

Nous comptons douze successeurs de Saint Pierre, Grecs ou Romains d'origine (des régions les plus éclairées alors, en y comprenant l'Égypte et la côte d'Afrique), jusqu'à Saint Victor, Africain, mort sous Sévère, en 202. Jérusalem avoit été rebâtie par (Ælius) Hadrien, et appelée de son nom *Ælia Capitolina*. (*Voy.* Tab. d'hist. anc.)

Après ces deux siècles, les papes sont à la tête d'un troupeau déjà nombreux, et continuent à se distinguer par les vertus et la science évangélique jusqu'à Libère (trente-sixième pape). Tous ses prédécesseurs, ainsi que les dix-sept qui le suivent, sont mis au nombre des saints que l'église révère. Trente papes, dit Bossuet, confirmèrent par leur sang, l'évangile qu'ils annonçoient à toute la terre.

☞ Jusqu'à Melchiade, Africain, élu en 310, sous Constantin (conséq.), tous les papes encore Grecs ou Romains, et principalement Romains. Sous Saint Sylvestre, son successeur, concile de Nicée. Trouble dans l'église jusqu'à Saint Anastase, qui illustre son pontificat par la réconciliation des deux églises (d'Orient et d'Occident), et meurt en 402. (Les Chrétiens tranquilles et protégés sous Constantin furent cruellement persécutés en Perse par Sapor.)

☞ La première année de l'ère vulgaire, l'Italie, comme tout l'empire romain, continue, sous le règne d'Auguste et les auspices de la paix, à réparer les désastres des guerres civiles. (*Voy.* Bucoliques de Virgile, mort depuis quelques années.)

Siége d'une monarchie nouvelle, Rome se croyoit encore le centre de la république, Auguste, par sa profonde politique, ayant abandonné au sénat l'administration des provinces intérieures, et se réservant celles qui étoient frontières pour avoir les troupes à sa disposition. Pendant trois siècles (c'est-à-dire, jusqu'à Constantin) elle va continuer d'être le théâtre de tout ce qui se manifestera de grand dans l'empire en vices et en vertus; de toutes les fêtes brillantes comme de toutes les catastrophes tragiques; des prérogatives attachées à la présence du maître, comme de tous les fléaux et de tous les malheurs tombant plus particulièrement sur ceux qui sont plus voisins du trône. Si la nature de cet ouvrage le permettoit, ce seroit peut-être ici le lieu de parler de ces monumens sans nombre, de ces magnifiques édifices répandus avec profusion dans l'enceinte de Rome, sur toute la surface de l'Italie, et qui de là furent si heureusement imités dans le reste de l'empire (son étendue favorable au commerce et aux progrès des arts). Les chemins près de la capitale du monde étoient pavés de marbre.

☞ A cette époque, Rome, la reine des nations, est dépossédée de sa grandeur, et d'avance dépouillée de son empire. (*Voy.* Orient.) Plus loin de l'œil du maître, insensiblement elle en sera dédommagée par la présence du chef de la religion chrétienne, dont elle deviendra le centre (translation de l'empire déjà favorable aux papes). Constans, douze ans maître de l'Italie, de la Sicile, de l'Afrique, &c. Suite du partage avec ses frères, une des causes des malheurs de ce siècle.

☞ En 400, Alaric pénètre en Italie (suites).

La suite pag. 15.

ESPAGNE ET PORTUGAL.	ÎLES BRITANNIQUES.	*OBSERVATIONS.*

ESPAGNE ET PORTUGAL.

L'Hispanie, depuis plus de deux cents ans, théâtre des guerres sanglantes, respiroit à peine sous la domination d'Auguste, qui y étoit passé en personne pour soumettre les Astures et les Cantabres, et elle devoit, un demi-siècle après l'ère vulgaire (l'an 52), donner naissance à Trajan. Elle renfermoit autrefois des mines d'or et d'argent, que les Romains ont presque épuisées. (La Lusitanie liée à son sort.)

Avant d'arriver à l'éruption des barbares du nord, en 406, donnons un tableau rapide des invasions que l'Espagne avoit éprouvées depuis les temps les plus anciens : 1.° les Celtes au nord, jusqu'à l'*Iberus* [l'Ebre], (d'où les Celtibériens), peuvent être regardés comme les premiers conquérans de l'Espagne ; 2.° les Phéniciens y firent de puissans établissemens ; 3.° les Carthaginois, nés des Phéniciens (enchaînement), soumirent la plus grande partie de l'Espagne ; le reste du pays rechercha leur alliance; 4.° les Romains, qui, plus de deux siècles avant J.-C., fixèrent à l'Ebre les limites des possessions des Carthaginois, les chassèrent bientôt entièrement de l'Espagne (en 197 avant J.-C.), et la conservèrent environ six cents ans.

Cet intervalle fut une époque de tranquillité et de bonheur pour l'Espagne. Aussi elle se peupla d'une manière sensible, et il s'y forma un grand nombre de petites cités. Enfin ce temps eût été l'âge d'or pour elle, si, comme les autres provinces romaines, elle n'eût été forcée de prendre part aux troubles qui désoloient l'empire. Au moins elle n'en fut plus le théâtre comme du temps des Scipions et de Sertorius (sa position). Les ennemis venoient du nord, et jadis ils partoient de l'est et du midi (Rome et Carthage).

☞ Enfin elle subit le sort général l'an 400; Honorius la céda aux Goths; il crut en délivrer l'empire en les reléguant aux extrémités.

ÎLES BRITANNIQUES.

L'Angleterre, fréquentée par les Phéniciens, mal connue par les Grecs, envahie un moment par les Romains sous César, environ un demi-siècle avant J.-C. (cinquante-cinq ans), n'avoit point encore figuré dans l'histoire. Après avoir essayé de secouer le joug sous Auguste, elle se rendit formidable à ses vainqueurs sous le règne de Claude (en 42), et ne devint province Romaine que dix ans après. Les Bretons, vaincus et non réduits, n'avoient fléchi que sous le poids des armes d'Agricola, beau-père de Tacite. Vers l'an 121, Hadrien élève entre eux et les Pictes, habitans de l'Écosse, défendus par leurs montagnes, ce mur célèbre qui porte son nom.

Suivant le plan d'Hadrien, près d'un siècle après, Sévère, en 210 (*voy.* Chine), construisit un second rempart aussi difficile à franchir. Ainsi les Bretons, indociles sous les Césars, trouvent, au second siècle, des secours contre les incursions des Pictes dans leur propre dépendance et dans la protection romaine : mais bientôt amollis par ce repos funeste où les avoit entretenus la politique de leurs maîtres, tranquilles à l'abri d'une domination étrangère, ils payèrent cher ces cruels secours. Leur grand cœur s'étoit flétri dans la servitude. Le nom de *Britannia*, qu'ils donnèrent à leur patrie, suivit celui d'Albion, et précéda le nom d'Angleterre, qui est plus moderne. (*Voy.* ci-après.)

☞ A la mort de Constantin, l'Angleterre, ainsi que tout ce qui est au-delà des Alpes, devint le partage du jeune Constantin. (*Voy.* Italie.) Soumise aux Romains depuis l'an 42, elle fit partie de leur empire environ quatre siècles jusqu'en 449. (*Voy.* ci-après.)

☞ L'an 382, l'usurpateur Maxime emmène de cette province tout ce qu'elle possède de troupes et de jeunesse guerrière, pour les opposer au grand Théodose, (suites.)

La suite pag. 16.

FRANCE.

HOLLANDE, PAYS-BAS,
Helvétie (Suisse), Bourgogne, &c.

OBSERVATIONS.

A cette époque, la Gaule, soumise par César depuis 55, étoit divisée en dix-sept provinces. Ce n'étoit pas pour Rome seulement, c'étoit pour son propre intérêt que César avoit fait cette conquête; il sentit même qu'elle étoit nécessaire à son plan pour achever celle de tout l'Empire. Nommé au gouvernement de la Gaule cisalpine, auquel il réunit celui de la Gaule transalpine, par celle-ci il tenoit la clef des Alpes, par l'autre il s'ouvroit les portes de Rome; et, en attendant l'exécution de ses grands projets, il entretenoit l'ardeur de ses soldats par ses conquêtes, et se les attachoit par ses victoires. Ainsi l'ambition de César fit la perte des Gaulois. César n'eut pas de peine à les diviser (à expliq.); sa politique, presque autant que ses armes, triompha de nos ancêtres. Ce fut Auguste qui introduisit la division en dix-sept provinces. Par la suite, les empereurs, en laissant subsister le nom de ces dix-sept provinces, les séparoient et les unissoient à leur gré, suivant leurs desseins. C'est ainsi que nous en voyons cinq réunies pour former le *Tractus Armoricus*, dans lequel étoit compris Paris, afin de remettre la défense des côtes entre les mains d'un seul chef. Cette ville, renfermée dans une île (aujourd'hui la cité), avoit les arsenaux de la petite flotte destinée à garder la Seine (origine sans doute de sa première grandeur).

Comment se fait-il que, malgré quelques éloges donnés par les géographes anciens au sol de la Gaule, toute l'étendue de ses ressources, et sa situation, la plus heureuse du globe, n'aient pas été soupçonnées, et qu'à l'abri d'invasions étrangères elle ait joui au moins de quelques siècles de tranquillité! c'est qu'elle dissimuloit, à l'ombre de ses forêts, la beauté de son sol, la fertilité de ses plaines, et n'avoit point encore trahi le secret de ses richesses. Les Germains, chassés par César, y rentrent après trois siècles (sous Gallien). Pendant environ vingt ans (de 256 à 276), il paroît que le long interrègne qui suivit la mort d'Aurélien réveilla leur avidité, (cause louable, effets funestes à développer.)

L'an 301, Constance en défait six cent mille dans les Gaules.

L'an 305, Constantin son fils y remporte une grande victoire sur une armée de Francs, dont deux rois sont mis à mort; mais les barbares apprenoient l'art de vaincre par leurs défaites mêmes. Julien, pendant qu'il n'étoit que César, séjournoit à Paris, qu'il nommoit sa chère Lutèce; il gouverna les Gaules avec beaucoup de modération au-dedans et de fermeté au-dehors. Après lui les incursions recommencèrent.

Fréret ne place qu'à l'an 287 l'établissement des Francs dans les Gaules (*voy.* plus haut); et le président Hénault dit positivement qu'ils avoient eu, dès cette même année (287), un établissement qui leur fut confirmé en 358 par l'empereur Julien, et qui devint fixe sous Clodion, vers 438. Siècle de lumières dans les Gaules, qui continuera même sous la monarchie de Clovis. (Sidonius, Saint Remi, Avitus, &c.)

L'an 1.er de l'ère vulgaire, la Hollande continuoit d'être habitée par les Bataves, les Pays-Bas par les Belges, la Suisse actuelle par les Helvétiens, compris dans les Gaules, et faisant partie de l'empire romain, qui avoit le Rhin pour limite. Ainsi la partie de la Batavie située au nord de ce fleuve, n'appartenoit point aux Romains. Sous le commandement de Drusus, mort la neuvième année avant l'ère vulgaire, plus de cinquante places avoient été construites le long du Rhin pour garantir la frontière. Ce fut lui qui eut la gloire de percer le grand canal qui joint le Rhin avec l'Issel, par le moyen duquel, lorsqu'il survient quelque inondation, une grande partie du Rhin se jette dans le Zuyderzée. Les noms de Batave qui signifie près des eaux, Hollande (pays creux), et de Pays-Bas, sont donc relatifs à la position de ces contrées. Tous les fleuves qui, suivant la pente du terrain, s'y rendent comme dans un réservoir commun, refluoient dans le temps des marées et lorsqu'il régnoit des vents de nord-ouest, de manière que tout ce que l'on a désigné sous le nom de Pays-Bas, étoit alors sous l'eau, et ne formoit qu'une mer.

Les Bataves sortoient de la nation germanique des Cattes, dont une guerre civile les avoit forcés de se séparer. Braves et intrépides, ils étoient sur-tout distingués par la hardiesse avec laquelle, montés sur leurs chevaux, ils traversoient les fleuves les plus larges et les plus rapides; effet de leur situation: ils servirent César dans la conquête des Gaules, et furent toujours ses soldats d'élite; il paroît même qu'ils déterminèrent en sa faveur la fortune chancelante à Pharsale, et ramenèrent la victoire sous ses drapeaux à Alexandrie.

Les Belges, jusqu'à l'an 57 avant J.-C., n'avoient jamais laissé porter atteinte à leur liberté (barrière opposée aux Cimbres, aux Teutons, &c.). César fit en une seule campagne la conquête de leur pays. Ce conquérant, également vainqueur des Helvétiens, indique, en deux mots, les limites de ces peuples, sur lesquelles nous ne tarderons pas à revenir.

Depuis l'empire de Constantin, les Allemands se jetèrent dans l'Helvétie, et en incommodèrent fort les habitans; il fallut leur en céder une partie; c'est tout ce que nous savons de ces peuples à cette époque: mais profitons du vide que nous laisse leur histoire pour reprendre les choses de plus haut.

César représente les Helvétiens comme enfermés de tous côtés par des limites naturelles; 1.° par le Rhin, qui les sépare des Germains; 2.° par le Jura, qui est entre eux et les Séquanois; 3.° et 4.° par le Léman (lac de Genève) et le Rhône; il développe, dans ses *Commentaires*, leurs projets d'émigration préparés pendant deux ans, leurs défaites réitérées, leur retour forcé en Helvétie: ils avoient brûlé leurs villes au nombre de douze, &c.

La suite pag. 17.

C

ÉTATS D'ALLEMAGNE.	BOHÊME ET HONGRIE.	OBSERVATIONS.

ÉTATS D'ALLEMAGNE.

☞ Drusus, Varus, Germanicus, du côté des Romains, Arminius, chef des Chérusques, du côté des Germains, tels sont les personnages qui jouent le principal rôle dans ces contrées, à cette époque. Un demi-siècle avant J.-C., Arioviste avoit été défait par César, (*voy.* Gaules.) Sous les ordres de Drusus, mort la neuvième année avant l'ère vulgaire, plus de cinquante places avoient été construites le long du Rhin pour garantir la frontière, et il s'étoit avancé dans la Germanie jusqu'au-delà de l'Elbe. L'an 9 de J.-C., Arminius (ou Hermann), indigné des cruautés de Varus, excite une révolte générale contre lui, et remporte une victoire signalée (trois légions romaines entièrement défaites). Germanicus, qui succède à Varus, profite des divisions élevées entre les Germains: il étoit aisé d'en faire naître chez des peuples simples et grossiers. Dans le second siècle (des Antonins), nous voyons l'expédition de Marc-Aurèle, dirigée contre les Marcomans (hommes de la frontière), expédition où le surnaturel se mêle à l'histoire, (légion fulminante.) Ces peuples, qui, dans l'origine, avoient habité les bords du Rhin et les frontières des Gaules, se replièrent dans le pays délaissé par les Boïens. (Bohême. *Voy.* cette contrée.) Les terres que les Marcomans abandonnèrent eux-mêmes, furent occupées par des colonies de différentes nations, d'où Allemands (multitude d'hommes, hommes divers). D'Anville ne fait pénétrer les Marcomans en Bohême, que sous le règne d'Auguste. (Sur la forêt Hercinienne, *voy.* Bohême.)

Au troisième siècle, le féroce Maximin est celui qui, depuis Drusus, a porté le plus loin les armes romaines dans ces contrées. L'oppression des Germains finit avec sa vie. Devenus sages par une expérience de plus de deux siècles, ils s'aperçurent enfin que les Romains trouvoient leur perte dans leurs propres divisions (suites). Ligue formidable, origine des Francs; ils s'étoient rendus redoutables à l'Empire dès l'an 260, et de 271 à 287; dès ce moment ils commencèrent à leur tour à ravager les Gaules.

☞ L'an 301 et 305, ils sont vaincus par Constance Chlore et Constantin (*voy.* France): cependant leurs défaites réitérées ne les découragent point; l'établissement qu'ils parvinrent à y former entre le Rhin et la Meuse, fut, pour ainsi dire, la porte qui leur en ouvrit les chemins. Julien ne cesse de les battre jusqu'à l'an 359, deux ans avant son avénement à l'empire. Gratien les soumet de nouveau en 378; il confie ses troupes à des généraux Francs; et l'an 388, l'année même où le tyran Maxime est vaincu par Théodose, trois généraux Francs passent le Rhin et battent les armées romaines.

BOHÊME ET HONGRIE.

☞ A l'époque d'Auguste, la Bohême (*Bohemium*), encore habitée par les Boïens venus de la Gaule, près de six siècles avant J.C. (*voy.* États d'Allemagne), leur fut enlevée par les Marcomans, qui vouloient se soustraire à la domination des Romains; et la Hongrie actuelle, qui comprenoit alors une partie de la Pannonie et de la Dacie, se ressentoit de la commotion générale. Nous voyons Tibère faire la guerre en Illyrie, dès le temps où Germanicus (l'an 7) est envoyé pour terminer celle de la Pannonie. Quant aux Daces, Auguste se contente de les réprimer et de fortifier la rive du Danube, limite de l'empire. Il paroît que les Pannoniens étoient Esclavons d'origine: on ignore celle des Daces.

Les Chinois ayant détruit, en 93, l'empire des Huns (qui donneront leur nom à la Hongrie), cet événement, qui arrive aux extrémités de l'Asie, doit influer, après trois siècles environ, d'une manière particulière sur le sort de cette contrée.

L'an 101, Trajan, célèbre conquérant, mais moins politique qu'Auguste, étendant les limites de l'empire au-delà du Danube, soumet les Daces et leur donne la paix après avoir vaincu leur roi Décébale (exploits gravés sur la colonne Trajane).

Comme l'état de ces contrées, ainsi que le reste du monde tombe dès ce moment dans l'obscurité jusqu'à l'invasion des barbares, nous allons placer ici quelques notions géographiques qui pourront plus ou moins s'appliquer à tout le nord de l'Europe.

Des bois immenses en occupoient toute la surface; et la vaste forêt d'Hercinie, qui s'étendoit depuis le voisinage du Rhin jusqu'aux limites de la Sarmatie et de la Dacie, couvroit toute la Bohême et une partie de la Hongrie. Les montagnes Herciniennes se font principalement remarquer dans cette chaîne qui enveloppe la Bohême.

Les limites naturelles dont elle est environnée, semblent expliquer comment elle a pu long-temps former un état à part, enclavé dans l'intérieur de l'Allemagne.

Une partie des Huns que nous avons vus détruits par les Chinois, s'étoit réfugiée auprès du Volga. Il paroît même qu'après avoir demeuré long-temps vers les sources du Jaïck et au confluent de la Kama et du Volga, ils étoient parvenus à se fixer dans les contrées situées entre le Dniester, le Dnieper et le Don.

Tout-à-coup, l'an 376, les Visigoths, qui, depuis cent cinquante ans, c'est-à-dire, depuis l'époque de la destruction de l'empire des Parthes (en 226), étoient maîtres de la Pannonie, qui leur avoit été disputée par les Vandales, après avoir long-temps fait trembler l'empire romain, se présentèrent en supplians sur la rive du Danube. Ils étoient chassés par les Huns, forcés de fuir à leur tour devant une nation venue des bords de la mer Orientale, que l'on croit être les Avares, et qui avoient passé jusqu'à l'autre extrémité de l'Asie, (étudier les rapports et les causes.)

La suite pag. 18.

| POLOGNE, PRUSSE. | SUÈDE ET DANEMARCK. (Norwège, &c.) | OBSERVATIONS. |

POLOGNE, PRUSSE.

☞ Au commencement de l'ère vulgaire, la Pologne, la Prusse et les contrées voisines, habitées par les Sarmates, étoient restées à l'abri du joug des Romains. Ainsi la Pologne correspond à une partie de l'ancienne Sarmatie d'Europe, dont tous les géographes, et d'Anville lui-même, fixent les limites occidentales à la Vistule, qui la séparoit de la Germanie, dont Pinkerton recule les limites à l'orient bien au-delà de ce fleuve; d'où il résulteroit que la Pologne auroit occupé, dans la Germanie, bien plus d'espace qu'on ne l'a cru jusqu'ici; je dis plus d'espace, car elle n'étoit point bornée à l'ouest par la Vistule, comme l'ancienne Sarmatie de d'Anville, et l'Oder même atteignoit ses frontières sous le cinquante-deuxième degré de latitude.

Il paroit, d'après Tacite et Pline, que les Prusslens étoient compris sous le nom des *Estii*, que l'on croit être les Estoniens, nom qui veut dire Orientaux, et qui leur fut donné par les Germains. Pinkerton, que j'ai déja cité, dans un ouvrage qui vient de paroitre sur l'origine des Goths, où il se montre entièrement opposé au système de Cluvier, adopté par d'Anville, jette une nouvelle lumière sur la géographie de ces contrées, et particulièrement sur celle des Estoniens. Cette partie de ses recherches demande à être étudiée avec la plus grande attention. J'en parlerai plus amplement dans un autre ouvrage, consacré à la géographie.

Quoique le royaume de Pologne ne subsiste plus, j'ai pensé que si le géographe pouvoit se dispenser d'en parler, il n'étoit pas permis à l'historien de le passer sous silence; et j'ai cru faire mieux saisir le plan analytique de cet ouvrage, en associant cet État qui n'est plus, à un État naissant, qui semble ne s'être élevé sur une partie de ses débris que pour le remplacer dans la balance politique de l'Europe : mais pourquoi la Pologne est-elle anéantie! Si cette question, qui n'en est plus une, pouvoit encore être soumise à notre examen, je répondrois : demandez-le à tous les publicistes, à Mably lui-même, qui avoient prédit sa chute; interrogez l'ombre du roi Jean Casimir, qui s'écrioit dans la diète de 1661, c'est-à-dire plus d'un siècle avant l'événement : « Au milieu de » nos divisions intestines, nous avons à craindre » l'invasion et le démembrement de la république. » Le Moscovite, Dieu veuille que je sois un mau- » vais prophète ! envahira les peuples qui parlent » sa langue, avec le grand duché de la Lithuanie; » la grande Pologne et la Prusse deviendront le » partage de la maison de Brandebourg; et l'Au- » triche ne s'oubliera pas non plus dans ce déchire- » ment général; son lot sera Cracovie et le pays » qui en dépend. »

SUÈDE ET DANEMARCK. (Norwège, &c.)

☞ L'an 1.er de l'ère vulgaire, commence à régner, en Danemarck (Jutland), Fronthon III, et dix ans après règnera en Suède un Alaric (qui n'a de commun que le nom avec celui du cinquième siècle), suivant la tradition fabuleuse de ces peuples, qui donnent à ces monarchies plus de mille ans au-delà. Nous avons indiqué dans le tableau d'histoire ancienne les Cimbres et Teutons, ancêtres des Danois, Suédois, &c., guerriers célèbres, dont un grand nombre fut exterminé par Marius. C'est à-peu-près tout ce qu'on sait de leur histoire.

Le Danemarck, situé de tous côtés sur la mer (îles et presqu'île), est dans une position favorable à la navigation et au commerce. Il tient, par le détroit du Sund, les clefs de la Baltique. Là Suède, un peu moins avantageusement située pour le commerce maritime, semble s'en dédommager sur un autre élément. Ses troupes de terre ont constamment été supérieures aux troupes danoises. Une chaîne de montagnes la sépare de la Norwège.

Au lieu de cette longue suite de rois qu'on donne à ces contrées du nord, nous avons pensé qu'une seule réflexion sur la religion d'Odin et les mœurs de ces pirates vaudroit mieux que cette mensongère nomenclature; car notre première époque paroit être aussi celle d'Odin, le Mahomet de son temps, conquérant, pontife et législateur; on le fait même contemporain de Pompée, et l'histoire de son émigration vers le nord, paroit liée aux revers de Mithridate; il est vraisemblable, selon Mallet, historien des Danois, que ce conquérant exalta encore pour ainsi dire leur férocité naturelle. Si l'on croit devoir attribuer ses institutions guerrières au projet de créer dans l'avenir des vengeurs de l'oppression romaine, on peut dire que jamais plan ne fut plus vaste et n'a plus complétement réussi. Quoi qu'il en soit, la religion des peuples du nord étoit toute guerrière : le bonheur éternel devoit être la récompense de ceux qui mouroient les armes à la main; une épée plantée sur un autel étoit le dieu de ceux que nous pouvons nommer continentaux.

☞ On place vers l'an 378, jusqu'à la fin du quatrième siècle, la principale émigration des Lombards, attribuée à une famine horrible qui désola le Danemarck. (Douteux.)

La suite pag. 19.

RUSSIE.	PARTHES, PERSANS, ARABES, &c.	OBSERVATIONS.

RUSSIE.

A cette époque, et encore long-temps après, couverte de glaces et de forêts, la Russie, faisant partie de la Scythie d'Europe, étoit habitée par des Sarmates errans, d'où (en des temps plus modernes) le nom de Russes, qui signifie errans, dispersés, vagabonds : en outre de ces premiers Sarmates, connus vers le cinquième siècle sous le nom de Slaves ou Esclavons, dont le langage a prévalu, un grand nombre de peuplades venoient sans doute de l'Orient; mais appartenoient-elles à l'ancienne famille des Scythes, à la famille non moins ancienne, mais plus récemment connue, des Huns! c'est ce qu'on ne peut déterminer; nous pouvons y voir un mélange de tous ces différens peuples. On ajoute même que les premiers guerriers, connus dans ces contrées sous le nom de Warègues ou Warèges, venoient de la Scandinavie, cette antique pépinière des conquérans de l'Europe, comme la Tartarie le fut des conquérans asiatiques : au moins est-il presque prouvé aujourd'hui que leurs premiers souverains étoient Scandinaves. En général, l'ancienne histoire de la Russie est très-confuse; tout ce qu'on peut en dire avec quelque certitude, c'est que ce vaste pays fut long-temps divisé en plusieurs petites principautés, qui, réunies dans la suite, ont formé ce grand empire tel que nous le voyons maintenant. On sait suffisamment l'histoire des siècles barbares, quand on sait qu'ils ont été barbares, dit Condillac dans son introduction à l'Histoire des Russes avant le dix-septième siècle. Cette réflexion le dispense de remonter aux siècles précédens. Nous, fidèles à notre marche chronologique, nous avons jugé que même dans ces siècles barbares on pouvoit trouver quelques foibles germes de la grandeur actuelle de cet empire; et nous allons le suivre dans ses accroissemens successifs.

Comme l'histoire de la Russie ne commence qu'au neuvième siècle, plaçons ici, par anticipation, un précis à-la-fois géographique et chronologique, tel que nous venons de l'indiquer. Nous aurons plus de facilité à reproduire, dans leur lieu, les événemens qui, par-là, auront été préparés. En 862, Rurik, et deux de ses frères, tous trois d'origine Warègue (Scandinave), s'établirent, le premier à Ald-Evoborg (probablement Ladoga), le second à Bielo-Osero, le troisième à Isborf ke. Les deux frères de Rurik étant morts sans enfans, il se trouva souverain de toute cette partie de la Russie, et fixa son séjour à Novogorod.

PARTHES, PERSANS, ARABES, &c.

L'an 1.er de l'ère vulgaire, régnoit depuis trente-six ans Phraates, quinzième roi des Parthes. Auguste influa sur le choix de son successeur : Tibère et Claude idem; preuve de foiblesse, suite de leurs divisions, dont Rome eût pu profiter alors, si elle n'eût pas elle-même dégénéré.

Dans le premier siècle, ou siècle des Césars, les Parthes divisés et affoiblis jusqu'en l'an 50. Un demi-siècle de troubles. Guerre d'Arménie, principale cause. Les Parthes comptent douze rois jusqu'à l'an 108, parmi lesquels neuf jusqu'à l'an 50 seulement, dont trois successivement chassés et rétablis. On peut déjà en conclure qu'à cette époque ce royaume n'est pas tranquille. Sous Auguste, Rome étoit maîtresse de l'Arménie; et l'Arménie conservoit des rois comme du temps de la Syrie. Ce fut donc pour occuper, harceler les Parthes, qu'Auguste laissa subsister ce royaume, foyer de discorde pour ses ennemis.

Dans le second siècle, ou siècle des Antonins, les Parthes plus unis, plus forts, presque toujours en guerre avec les Romains.

Ces guerres, renouvelées par Trajan, qui parcourut en vainqueur les bords du Tigre et de l'Euphrate, dans lesquelles les succès et les revers furent ensuite balancés, n'entamèrent pas le royaume des Parthes, mais leur firent trouver leur perte dans leur propre sein. L'an 201, les Parthes sont vaincus par Sévère.

Sous Alexandre Sévère, l'an 226, Artaxercès profitant de l'accablement où les Romains avoient réduit les Parthes dans un dernier combat, engage les Perses à rétablir sur le trône un prince de leur nation, et fonde le second empire des Perses, qui dure quatre cent vingt-cinq ans (jusqu'en 651, suite de l'époque de Mahomet). Comme ces deux peuples n'en faisoient plus qu'un, tout se réduit presqu'à un changement de nom. L'Orient moins agité; villes superbes bâties depuis que les Parthes ne sont plus. Palmyre lutte de magnificence avec Antioche.

Sapor I.er, successeur d'Artaxercès, sous un règne de trente ans (de 241 à 271), vit passer sur le trône dix empereurs romains, et en mit un dans les fers (Valérien).

Hormisdas II, son sixième successeur, règne en 302 jusqu'en 310; et son fils Sapor II, qui règne soixante-dix ans jusqu'en 380, fut déclaré roi étant encore dans le sein de sa mère. Trois rois pendant les vingt ans qui suivent jusqu'au cinquième siècle. On voit que ces deux siècles (celui qui précède et celui qui suit Constantin) seront glorieux pour les Perses, par trois raisons : 1.º cette nation reprend une nouvelle énergie; 2.º ils seront forts de la foiblesse des Romains; 3.º le trône fut souvent occupé par de grands hommes, dont le règne fut aussi long que glorieux. (Enfin, voy. Empire romain, sous Sévère; les soldats de Niger passent chez les Parthes.)

La suite pag. 20.

MOGOL, INDES ORIENTALES.	ALGER, TUNIS, ÉGYPTE, ABYSSINIE, &c.	OBSERVATIONS.

MOGOL, INDES ORIENTALES.

Par suite de l'influence du climat et la configuration de l'Asie en particulier, coupée d'occident en orient par une longue chaîne de montagnes qui s'étend depuis le Taurus et le Caucase jusqu'aux extrémités du Tibet, cette partie du monde ne présente, si on la dessine à grands traits, que deux espèces de peuples différens, les septentrionaux et les méridionaux : les Chinois offrent comme un mélange des deux. Les septentrionaux, barbares, vigoureux, essentiellement guerriers, furent toujours conquérans ; les méridionaux, policés, amollis, pacifiques, ont toujours été conquis. Il semble que l'histoire du Mogol étant à-la-fois celle des peuples conquérans et des nations conquises, nous puissions, en forme d'introduction, jeter un coup-d'œil général et rapide sur toutes les peuplades qui ont influé sur sa destinée. A l'époque de l'ère vulgaire, l'Asie, au nord, continuoit d'être barbare, et au midi, par suite de dissensions intérieures, cessoit d'être policée, s'il faut attribuer aux Indiens de l'antiquité tous les genres de connoissances qu'on leur suppose ; mais du moins leurs prêtres, qui furent à-la-fois leurs souverains, leurs législateurs et leurs philosophes, étoient à-peu-près, du temps d'Auguste, ce qu'ils avoient été du temps d'Alexandre (plusieurs exemples). Les anciens distinguoient les Scythes en deçà et au-delà de l'Imaüs ; c'est ainsi que, bien plus au nord, la montagne d'Altaï sépare les Tartares plus voisins de l'Europe, nommés Eleuths ou Calmoucks, des Tartares qu'on peut appeler conquérans, et qui eux-mêmes sont divisés en deux branches, les premiers nommés Mantcheoux ou Orientaux, au nord de la Chine, dont ils sont maîtres aujourd'hui, et les seconds, Mongols ou Occidentaux, qui ont conquis deux fois toute l'Asie. C'est à l'histoire de ceux-ci que nous nous arrêterons. Du reste, la religion de tous ces peuples est la même ; c'est la doctrine de Fo, qui a pour base la métempsycose, transformée depuis en celle des Lamas ; et l'existence du Lama lui-même est la métempsycose en action ; il est censé revivre continuellement dans son successeur. Malgré l'opinion vulgaire, qui fait refluer cette religion du midi au nord, elle paroît être descendue du plateau du Tibet vers les quatre points cardinaux (Indiens, Chinois, Tartares, Bactriens de Zoroastre, d'où Mèdes, Perses, &c.) ; reste peut-être d'une doctrine plus ancienne qu'on ne peut l'imaginer, qui a survécu aux révolutions du globe, et qui, en vieillissant, s'est défigurée.

ALGER, TUNIS, ÉGYPTE, ABYSSINIE, &c.

☞ Depuis l'an 30 avant J.-C., l'Égypte, par suite de la bataille d'Actium, étoit devenue province de l'empire romain, et elle continuera d'appartenir, soit à cet empire, soit à celui de Constantinople, jusqu'en l'an 640 de J.-C.

☞ Toute la côte septentrionale d'Afrique, connue sous le nom actuel de Barbarie, renfermant la Numidie, la Mauritanie, fut également sous la domination de Rome, qu'elle approvisionnoit de grains, jusqu'à l'invasion des Vandales, qui l'érigèrent en royaume en 427.

Mais à l'époque d'Auguste, ce prince, qui aimoit Juba le jeune, fils de celui qui avoit été défait par César, lui laissa les deux Mauritanies, et lui donna une partie de la Gétulie, en échange du royaume de Numidie, Ptolémée, fils de Juba, fut tué par ordre de Claude, qui réunit tout ce pays aux autres provinces de l'empire.

Enfin, lorsque J.-C. vint au monde, l'Abyssinie avoit pour roi un prince nommé Basenus, descendant de Salomon, selon la tradition populaire, à laquelle il seroit imprudent de donner une confiance trop aveugle. Quoi qu'il en soit, depuis un certain Menilehec, surnommé Ebn-el-Haquin, c'est-à-dire, enfant du sage, et que l'on croit fils de Salomon, on compte vingt-quatre rois jusqu'à Basenus, contemporain de J.-C. (vingt-quatre rois seulement en dix siècles ; sujet à contestation), et plus de quatre-vingts toujours de la même race jusqu'à nos jours, presque sans interruption, excepté pendant quatre siècles (de 900 à 1300). Cependant l'Égypte conquise deux fois par Zénobie, reine de Palmyre, attire les armes d'Aurélien, et ensuite de Dioclétien.

☞ En 301, Maximien Galère, cet ennemi cruel des lettres et des Chrétiens, apaise par ses victoires les révoltes de l'Afrique. Vers 333, le Christianisme pénètre dans l'Abyssinie.

☞ Les différens partages de l'empire donnent l'Afrique, tantôt à un prince, tantôt à un autre (voy. Italie) ; et lorsqu'il sera divisé en deux, la côte d'Afrique sera partie de l'empire d'Occident, et l'Égypte de celui d'Orient. Il n'est pas besoin d'ajouter que l'étendue de l'Égypte, qui a des bornes naturelles de tous les côtés, est restée à-peu-près la même dans tous les temps. A cette époque, elle semble oublier ses malheurs au sein des arts et des sciences, et à l'ombre d'une religion nouvelle, à laquelle, depuis long-temps, elle donnoit des martyrs et de savans défenseurs.

La suite pag. 21.

*Suite de l'*EMPIRE ROMAIN.	*Suite de l'*EMPIRE D'ORIENT.	OBSERVATIONS.

A sa mort, signal de l'irruption des barbares sous son fils Honorius ; l'empire d'Occident semble s'écrouler de toutes parts. En 406, il commence à être démembré dans ses provinces frontières ou éloignées du centre. (*Voy.* Grande-Bretagne, Gaule, Espagne, &c.) Depuis Valentinien III (fils de Constance, beau-frère d'Honorius), mort en 445, le nom des empereurs mérite moins d'être connu que celui des généraux, tels qu'Aétius (*voy.* Siècles), Ricimer, qui, couvert du sang de trois empereurs, disposoit du trône sans jamais y monter. Espace de vingt ans de 455 à 475, rempli par neuf fantômes d'empereurs. Ce peu d'années, signe certain d'une époque désastreuse, indique assez leurs chutes rapides et leurs sanglantes catastrophes. Le dernier, chassé en 476, par Odoacre, roi des Hérules, se nommoit Romulus-Augustule, comme si la fortune, dit Ferrand, eût voulu se jouer en donnant à ce prince, en qui devoit finir l'empire romain, le nom de celui qui l'avoit fondé, et pour surnom, un diminutif ironique du nom de son premier empereur. Suit un interrègne de trois cent vingt-quatre ans, jusqu'à Charlemagne. (Sur Odoacre, Théodoric, *voy.* Italie.) Cependant les empereurs d'Orient n'avoient pas encore renoncé à cette belle province, l'antique berceau et le chef-lieu de l'empire. En 552, Bélisaire l'enlève aux Goths : elle reste pendant seize ans au pouvoir des empereurs d'Orient.

Enfin, en 568 (cinquante ans avant l'hégire), n'ayant conservé que de foibles établissemens, dont le principal siége étoit Ravenne, ils y placent une espèce de vice-roi, sous le nom d'exarque (nom grec), l'année même de la conquête des Lombards ; on conçoit que ces deux puissances rivales mettront tout en œuvre pour se détruire mutuellement. Ces rivalités rempliront deux siècles environ.

Les rois Lombards chasseront les exarques en 752 (deux siècles après les conquêtes de Bélisaire), et ils seront dépouillés eux-mêmes à leur tour en 774 (divisions utiles aux papes). Les Romains, par le crédit des pontifes, avoient déjà traité avec les deux puissances de Ravenne et des Lombards, à des conditions égales. C'est lors de ce traité que l'autorité des papes commença à faire des progrès (sous Pélage II, dirigé par Grégoire-le-Grand qui lui succède).

Le traître Ruffin, tout-puissant sous Arcadius, attire les Huns dans l'Asie, et les Goths dans la Grèce. La race du grand Théodose, moins dégénérée en Orient, en occupe le trône environ soixante ans. On peut ainsi embrasser chronologiquement, même avant la destruction de l'empire d'Occident, près de deux siècles à-la-fois, par des époques partielles de soixante-deux, soixante-un et soixante ans; 1.º de l'an 395 à la mort de Marcien, prince recommandable, époux de Pulchérie (soixante-deux ans) ; 2.º princes Thraces et cruels, dont Zénon, jusqu'à la race Justinienne (soixante-un ans); de Justin I.ᵉʳ, oncle de Justinien, à Tibère (soixante ans).

Ainsi, en 518, à l'avénement de Justin, commence un siècle environ d'empereurs, estimés par quelques talens ou vertus civiles et militaires; si l'on en excepte Justin II, et l'usurpateur Phocas, qui sera détrôné par Héraclius, en 610. Le règne de Justinien est le plus illustre de ce siècle par le code qui porte son nom, et par les conquêtes de Bélisaire en Italie et en Afrique.

L'an 622, Héraclius, qui règne depuis douze ans, entre dans la Perse, et force Cosroës à prendre la fuite. Le septième siècle entier est rempli par ses fils et ses descendans, qui se rendent presque tous indignes de ce vainqueur des Perses. Constans, son petit-fils, odieux au peuple et à sa famille, battu sur mer par les Sarrasins, sur terre par les Lombards, pille Rome, et se montre plus barbare que les barbares mêmes.

Justinien II, le dernier de la race d'Héraclius, fut le fléau de ses sujets et l'horreur du genre humain. De 711 à la mort d'Irène, en 802, nous comptons encore près d'un siècle où les crimes continuent de s'asseoir sur le trône de l'Orient, mais au moins mêlés de quelques talens. Léon, quatrième successeur de Justinien II, soutient l'empire sur le penchant de sa ruine, et au milieu des disputes théologiques (ouvrage des moines qui détournoient ainsi les princes des affaires du gouvernement, utile aux papes, *voy.* Église). Querelle des Iconoclastes (influence des Sarrasins ; pourquoi !) tendant à diminuer le pouvoir des moines. (A expliquer.)

La suite pag. 22.

Suite de l'ÉTAT DE L'ÉGLISE.	Suite de l'ITALIE.	OBSERVATIONS.

Suite de l'ÉTAT DE L'ÉGLISE.

☞ Sous Innocent Ier, successeur d'Anastase, en 402, le paganisme rouvrit un moment ses temples.

☞ Parler de Saint Léon-le-Grand, élu en 440, c'est peindre d'un seul trait le courage, la doctrine et la vertu. Plus puissant que les armées romaines, il arrêta, par les foudres de son éloquence, les ravages d'Attila. (Genséric, *idem.*)

Cette époque des malheurs de l'humanité rend plus chers encore les noms de ses consolateurs. (Clovis seul souverain catholique de son temps.)

L'an 526, avec Jean (cinquante-troisième pape), sous Théodoric, se termine cette suite non interrompue de saints, ainsi que les nominations du peuple et du clergé (époque pour l'église). Des rois Goths et Lombards vont nommer les pontifes, et, ce qui est remarquable, ils feront généralement de bons choix. (Les livres d'Origène troublent l'Orient pendant près d'un siècle.)

☞ Grégoire-le-Grand, mort en 604, montra des talens et des vertus; second Léon, il fléchit les Lombards.

☞ Honorius Ier, élu en 626, fait cesser le schisme d'Istrie sur les trois chapitres, ainsi nommé des trois auteurs, dont Nestorius.

☞ Théodose (644) est le premier qu'on ait appelé *souverain pontife* (époque) : pendant que l'autorité de Mahomet prenoit de fortes racines, et s'établissoit par la violence, celle des pontifes de Rome se cimentoit par la douceur, et le sang des martyrs.

Jean VII (quatre-vingt-sixième pape), mort en 707, est le premier qui ait terni la gloire du pontificat. Nous allons voir sur le saint-siége toute la profondeur de la politique. Depuis Grégoire II, huit pontifes consécutifs, tous grands hommes d'état, préparent, pendant près d'un siècle, le projet de délivrer Rome de la double oppression des Lombards et des empereurs d'Orient, chefs des Iconoclastes (briseurs d'images). Influence des Sarrasins. Ainsi, en outre de tout ce que fit Charlemagne par lui-même et pour lui-même, comme guerrier illustre et grand politique, on trouve une des causes de son élévation à l'empire, jusque dans le fond de l'Orient : tout conspiroit avec son génie pour ses hautes destinées.

Suite de l'ITALIE.

☞ Une armée immense de Scythes y étant entrée à son tour, est mise en déroute en 406 par les Huns et les Goths réunis. Cette contrée, ravagée par tant de barbares, n'a donc que le choix des désastres. Le siége de Rome, par Alaric, est de l'an 409.

On place la fondation de Venise en 452. Espace de quatre-vingts ans depuis la mort de Théodose, pendant lequel le trône, sans cesse ébranlé par les peuples du dehors et les commotions intérieures, n'est occupé que par des princes si foibles et si lâches, qu'il est inutile de les nommer ici, fantômes d'empereurs renversés, en 476, par un barbare, chef des Hérules (Odoacre), qui dédaigne de leur succéder. Seize ans après (492), les Hérules sont chassés par les Ostrogoths (Goths de l'Orient), ayant à leur tête Théodoric, qui règne jusqu'en 526, et montre de grands talens sous l'habit d'un barbare : il eut, en moins de vingt-six ans, six successeurs, dont les règnes orageux ne présentent qu'un tissu de cruautés. Enfin, l'an 552, sous Justinien (un siècle après la fondation de Venise), par suite des conquêtes de Bélisaire et de Narsès, les Ostrogoths sont dépossédés de l'Italie, où ils n'ont régné que soixante ans (seize ans soumise à l'empire d'Orient; exarchat de Ravenne. *Voy.* Empire romain.) Conquêtes des Lombards en 568, sous Albouin.

Ce fut ce même Narsès, vainqueur des Ostrogoths, qui, indigné contre l'empereur d'Orient, et principalement contre sa femme, attira les Lombards en Italie, où ils se sont maintenus deux siècles avec gloire (jusqu'en 773) sous vingt rois.

☞ En 636, Rotharis, sixième successeur d'Albouin, rédige les lois Lombardes, montre des vertus ; et Pertharite, dans le même siècle, élevé à l'école du malheur, fut le père de son peuple. Guerres continuelles avec l'exarchat de Ravenne, détruit en 752, et les descendans des officiers d'Albouin, que son impolitique avoit faits ducs de Spolette, Frioul, Bénevent, &c. et qui se rendirent indépendans (régime féodal). L'alternative de puissance et de foiblesse de ces ducs fut favorable aux armées françaises. Astolphe fléchit sous Pépin, qui lui enlève l'exarchat de Ravenne (*voy.* Papes); et Didier, duc de Toscane, son successeur au royaume des Lombards, qui aspiroit à l'empire de toute l'Italie, passe du trône dans les fers, et voit ce royaume, qui a duré deux cent six ans, détruit par Charlemagne, son gendre, et devenu l'une de ses provinces.

☞ A Venise, seule république qui fut alors sur la terre, les doges (créés en 697, abolis pendant quelques années) venoient d'être rétablis depuis 742; ils continueront, à dater de cette époque, de gouverner la république.

La suite pag. 23.

Suite de l'Espagne et du Portugal.	Suite des Îles Britanniques.	Observations.

Suite de l'Espagne et du Portugal.

☞ 5.º Les Alains, les Vandales et les Suèves ayant passé le Rhin à la sollicitation de Stilicon, s'en emparèrent à leur tour, après avoir fait, en 406, une éruption dans la Gaule. 6.º Les Goths chassés et repoussés du côté de l'orient, se jettent sur l'occident (d'où Visigoths). Honorius leur cède une partie des Gaules et de l'Espagne, à condition qu'ils détruiront les barbares. Les Alains furent détruits les premiers ; les Vandales passèrent en Afrique (*voy.* Afrique). Les Suèves, retirés dans les montagnes de la Galicie, résistèrent plus long-temps (expliq.), et se maintinrent près de deux siècles ; c'est-à-dire, jusqu'en 583, époque où les Visigoths, gouvernés par des rois belliqueux, furent entièrement maîtres de l'Espagne : il est même à remarquer que les Suèves avoient quitté leurs montagnes, conquis toute la Lusitanie, et une partie de la Bétique ; ce fut peut-être une des causes de leur perte. Cependant les Goths enlevèrent jusqu'aux villes que les empereurs s'étoient réservées sur les côtes : (pourquoi sur les côtes ! *Voy.* Italie.)

☞ Leuwigilde, qui avoit commencé à régner en 568 (un demi-siècle avant cette époque), et détruit les Suèves en 583, venoit aussi de chasser les Grecs. Une révolution place en 621 Suintila sur le trône paternel, et l'en repousse peu de temps après. Une suite non interrompue de troubles et de dissensions, présage de plus grands malheurs, porte successivement huit princes sur un trône chancelant, et enfin Roderic, qui, par l'outrage qu'en reçut le comte Julien, prépare la plus funeste catastrophe.

En 713, déjà maîtres de l'Afrique, les Arabes, enfans de Mahomet, attirés par Julien, se rendent maîtres de l'Espagne, qu'ils gardèrent plus de sept siècles ; ils pénétrèrent jusque dans la France, que Charles Martel sauve dans les plaines de Tours. Les lieux, les noms des fleuves, des villes, tout rappelle leurs traces. Un petit nombre de Goths se réfugie dans les montagnes des Asturies, de Léon, (suites.) Règne glorieux d'Abdérame.

Suite des Îles Britanniques.

☞ L'an 408, cette province, livrée aux incursions des Pictes et des Scots, est entièrement abandonnée par les troupes d'Honorius, qui délie les Bretons du serment de fidélité, (produit des invasions.) La première source de leur malheur avoit été, pour ainsi dire, la victoire de Théodose qui, un moment, sauva Rome et l'empire.

L'an 449, pour dernière ressource, ils appelèrent du continent à leur secours les Anglo-Saxons, et le remède fut encore pire que le mal.

Les perfides Saxons n'eurent pas plutôt chassé les Pictes, qu'ils jetèrent des yeux avides sur le pays qu'ils venoient de défendre. Le désespoir donne des forces aux Bretons, et, sous Vortimer, fils de l'imprudent Vortigerne (qui avoit appelé les Saxons), l'antique valeur bretonne semble se ranimer, (massacre horrible.) Les Anglo-Saxons fondèrent sept royaumes, désignés sous le nom d'heptarchie ; et, délivrés des Bretons, ils trouvèrent dans leur propre division la peine de leurs crimes.

☞ Ce fut peu de temps après la fondation des sept royaumes (quinze ans depuis la naissance de Mahomet), que, du consentement des sept rois, le nom de Bretagne fut changé en celui d'Angleterre. Cette nouvelle forme de gouvernement produisit entre eux plusieurs siècles de rivalités, de guerre et de dissension, qui aboutirent à leur entière réunion en un seul royaume, et sous un seul chef.

Cependant, après le massacre des nobles Bretons, les roches et les montagnes du pays de Galles offrirent à tout ce peuple un asyle contre ses bourreaux ; la mer sauva le reste, et ce débris d'une grande nation vint s'établir sur nos côtes : les Gallois, à l'ouest de l'Angleterre, les Bretons, à l'ouest de la France ; mêmes mœurs, même langue, mêmes vestiges d'un antique malheur !...

La suite pag. 24.

Suite de la FRANCE.	*Suite de la* HOLLANDE, PAYS-BAS, &c.	OBSERVATIONS.

Suite de la FRANCE.

Aux invasions déjà mentionnées, se joignent celles des Bourguignons, qui se fixent à l'Orient, et enfin des Francs, qui, depuis l'an 420, conduits successivement par Pharamond, Clodion, Mérouée, jettent les fondemens d'un nouveau royaume, dont la Belgique est le berceau. Prouver que la victoire remportée sur les Huns, dans les plaines de Châlons, par Aétius, général des Romains, Théodoric, roi des Visigoths, mort dans le combat, et Mérouée, funeste aux Romains eux-mêmes, tourne toute entière à l'avantage du roi des Francs. (Mort d'Aétius. *Voy.* Siècles, Hongrie, &c.) Clovis, qui régna de 481 à 511 (trente ans), affermit cette monarchie nouvelle. Ses conquêtes commencent par la défaite de Siagrius, qui s'étoit rendu indépendant quand l'Empire avoit été détruit par Odoacre (enchaînement. *Voy.* Empire romain). La Gaule prend le nom de France en 581, du nom de ses nouveaux conquérans. Clovis réprime les Armoriques à l'occident, les Visigoths au midi ; et ses fils, divisés entre eux, se réunissent pour opérer la destruction des Bourguignons, en 534, époque de celle des Vandales en Afrique. La France déchirée entre les descendans de Clovis (leurs cruautés). Supplice de Brunéhaut, peut-être une des causes de l'accroissement du pouvoir des maires du palais, (à développer.) Dans cette première race, dite des Mérovingiens (de Mérouée), nous comptons vingt-un rois, dont les dix premiers, encore barbares, ont régné plutôt en guerriers qu'en monarques jusqu'à Dagobert.

C'est à ce prince, monté sur le trône en 628, que commence l'autorité des maires du palais ; et à Clovis II, son successeur, commencent les onze princes fainéans, fantômes de rois, gouvernés par les maires du palais, et qui seront exclus du trône par Pépin, fils de Charles Martel, vainqueur des Sarrasins, en 732. (*Voy.* Espagne, Siècles, &c.) Pour faire connoître quelque chose des mœurs sous cette première race, dès le temps même de Clovis, nous pouvons ajouter que depuis près de cinq cents ans que les Gaulois vivoient sous la domination de Rome, ils étoient devenus des Romains. La plupart avoient pris les mœurs, les usages et même des noms romains. Lors de la conquête, ils eurent le pouvoir de se naturaliser Francs ; et s'ils en profitèrent peu, c'est que sans doute, selon l'observation de Mably, la liberté que tout Gaulois et même tout barbare avoit de le devenir, lavoit la honte ou le reproche de ne l'être pas. Pour faciliter la chronologie de ces premiers temps, il faut observer, 1.º qu'après la mort de Clovis, la France ayant été partagée en quatre royaumes pour ses quatre fils, ce fut Clotaire I.ᵉʳ, roi de Soissons, qui réunit toute la monarchie ; 2.º qu'un second partage ayant eu lieu entre les quatre fils de Clotaire, ce fut un second Clotaire, fils de Chilpéric, également roi de Soissons, qui réunit les quatre couronnes sur sa tête.

Suite de la HOLLANDE, PAYS-BAS, &c.

Sous le règne des empereurs, les Helvétiens avoient dégénéré, suite sans doute de leurs anciens désastres sous César, du châtiment de leur révolte sous Vitellius, &c. Les Bourguignons envahirent, en 407, une partie de leur pays, de sorte que l'Helvétie se trouva partagée en portion germanique et en Bourgogne. A la même époque, les Francs soumirent les Bataves avant de chasser les Romains des Gaules, et la Belgique étoit devenue le berceau de leur monarchie nouvelle, sous Clodion (*voy.* France).

On peut voir à présent, que toutes les contrées que nous venons de nommer, sont, peut-être plus qu'on ne le pense, susceptibles d'être renfermées dans un même système géographique, si l'on réfléchit qu'elles embrassent presque en entier une ligne demi-courbe depuis les sources du Rhin jusqu'à son embouchure. Ajoutons que sous Auguste, les Séquanois et les Helvétiens avoient été détachés de la Celtique pour faire partie de la Belgique. C'est une des raisons qui nous ont engagés à mettre dans une même colonne toutes les régions qui ont formé des états séparés depuis la Suisse jusqu'à la Hollande. Dans son temps, nous dirons un mot de la Lorraine, et, par suite du même système, des ducs de Bourgogne, &c.

Le royaume de Bourgogne dont nous ne parlons ici que par suite des conquêtes que ses souverains avoient faites dans l'Helvétie, venoit d'être détruit en 534.

Depuis ce temps, tous les événemens écoulés non-seulement à l'époque de Mahomet, mais même jusqu'à celle de Charlemagne, se réduisent encore à quelques notions générales sur chacune de ces contrées, qui ne doivent jouer pendant long-temps qu'un rôle secondaire. Ainsi tout ce qui composoit l'ancien royaume de Bourgogne fut réuni à la France jusqu'au partage qui eut lieu entre les enfans de Louis-le-Débonnaire en 842. La Hollande fit également partie de ce vaste royaume jusqu'après l'établissement de l'empire ; et la partie des Pays-Bas désignée sous le nom de Flandres, que les Francs avoient conquise sur les Romains, fut gouvernée par différens officiers jusqu'à Charles-le-Chauve, qui l'érigea en comté (*voy.* ci-après), d'où il résulte que, jusqu'au seizième siècle, l'époque la plus intéressante de l'histoire des Bataves et des Belges, est encore celle qui remonte jusqu'à Auguste, et même au-delà, sur laquelle les bornes de cet ouvrage ne nous ont pas permis de nous étendre assez. Nous aurions voulu peindre en son lieu l'inviolable fidélité des Bataves sous les premiers empereurs, qui leur mérita le titre de frères et alliés du peuple romain. La part qu'ils prirent à la révolte de Civilis, sous Vitellius et Vespasien, n'offre pas un tableau moins piquant, qu'il faut lire dans Tacite. Ce fut ce même Civilis qui conçut le projet d'établir un nouvel empire sous le nom d'empire des Gaulois. Nous ne sommes point étonnés de voir les galères enlevées aux Romains par le moyen des rameurs, qui, pour la plupart, étoient Bataves ; et si les Romains finirent par être vainqueurs, ce fut encore un Batave qui décida pour eux de la victoire : tout s'explique par la situation des lieux.

La suite pag. 25.

Suite des ÉTATS D'ALLEMAGNE.	*Suite de la* HONGRIE *et* BOHÊME.	OBSERVATIONS.

☞ A cette époque (*voy.* France, Espagne, Italie, Angleterre, &c.), le nombre prodigieux de colonies dispersées par toute l'Europe, laissant, pour ainsi dire, sans habitans et sans défenses le nord de la Germanie, on ne sera pas étonné de voir dans les siècles suivans les Esclavons descendans des Sarmates en remplir le vide, et s'avancer jusqu'aux rives de l'Elbe. Des peuples même qui avoient abandonné la Germanie en fugitifs, y reviennent en conquérans; et Clovis, vainqueur des Allemands à Tolbiac, en 496, non content de les avoir repoussés au-delà du Rhin, les poursuit, détruit entièrement leur puissance, et s'empare d'une partie de l'Allemagne; il y établit une colonie de Francs, d'où Franconie.

Les Saxons, qui avoient abandonné l'Allemagne avec les Lombards, pour tenter la conquête de l'Italie, mécontens de leurs alliés, voulurent rentrer dans leur patrie, dont, sur ces entrefaites, les Souabes s'étoient emparés. Il faut voir dans la protection que les rois de France accordèrent aux Souabes, l'origine de cette haine mortelle perpétuée entre ces nations, et d'une suite de guerres sanglantes qui ne finirent qu'après trois siècles par l'entier assujettissement des Saxons, sous Charlemagne. Ce seul aperçu explique une foule d'événemens de notre histoire sous la première et même sous la seconde race. (*Voy.* France.)

☞ Aussi voyons-nous, en 626, le barbare Clotaire II, vainqueur des Saxons, faire périr tous ceux dont la taille surpassoit la longueur de son épée. Cette victoire sanglante fait époque dans l'histoire : elle comprime, jusqu'au temps de Pépin, cette ardeur inquiète des Saxons, les seuls peuples de la Germanie qui eussent conservé leur liberté. Le règne des rois fainéans fut favorable ou plutôt bien funeste à leurs projets d'indépendance, puisqu'il ne servit qu'à leur préparer de plus grands désastres et une chute plus certaine.

☞ Pépin, par la destruction des duchés de Souabe et de Franconie, rétablit la souveraineté des rois de France en Allemagne; il fait, pendant plus de vingt ans, la guerre aux Bavarois, aux Saxons, aux Esclavons, et est par-tout vainqueur.

☞ Après une victoire complète sur les Goths, Attila, roi des Huns, qui, au commencement du cinquième siècle, étoit à la tête d'une armée considérable, attaque à-la-fois les deux empires avec ses troupes qu'il conduit en Germanie, en Italie, dans les Gaules (ravages horribles). En 451, Aétius, général romain, secondé de Mérouée, et de Théodoric, roi des Visigoths (transplantés en Espagne), gagne dans les plaines de Châlons une célèbre bataille sur Attila, qui, dit-on, y perdit deux cent mille hommes. Aétius ne l'extermina pas en entier, craignant que cette déroute n'augmentât la puissance des Goths; après une si terrible défaite, le reste des Huns échappés au carnage, se retira dans la Pannonie. Attila étant mort en 454, ses enfans ne s'accordèrent point entre eux, et l'empire des Huns finit avec lui. Alors les peuples qu'il avoit soumis s'étant rassemblés en Hongrie dans une grande plaine près du lac Balaton, et ne pouvant s'accorder sur le choix d'un maître, finirent par se disperser (Jornandès rend compte de cette dispersion). D'après cela il n'est pas étonnant qu'ils aient été soumis, soit par d'autres Huns venus de l'Orient, soit par un reste de Goths rentrés dans leurs anciens foyers. On place, en 489, l'anéantissement de la domination des Huns de la Pannonie, dont ils étoient maîtres depuis plus d'un siècle (depuis l'an 377), opéré par les Goths, et les Gépides, peuples de la nation des Goths, et en 568, l'arrivée des Avares, autres peuples du nord de l'Asie, que l'on croit avoir, avec les Huns, une origine commune, et auxquels les Esclavons (Croates et Serviens) disputèrent ces conquêtes.

☞ On trouve la cause de tous ces mouvemens dans les divisions élevées entre les Turcs du nord de l'Asie. Les Avares fuyant devant eux étoient entrés dans la Sarmatie, et ne s'arrêtèrent qu'au Danube, parce que les Lombards étoient établis sur l'autre bord du fleuve, et n'avoient point encore passé en Italie, dont ils prirent bientôt le chemin.

☞ Vers la même époque (de Mahomet), dans le sixième ou même dans le septième siècle, selon quelques auteurs, les Slaves ou Esclavons qui venoient des environs de la mer Noire, firent une grande émigration en Allemagne, et s'établirent sur-tout dans la Bohême, d'où ils chassèrent les Marcomans; ils y introduisirent leur langue, qui diffère de celle des Germains : ils avoient, lors de leur émigration, une forme de gouvernement entièrement libre. Ils formèrent dans la Bohême, la Silésie et la Moravie, un grand nombre d'états indépendans, qui eurent entre eux des guerres sanglantes.

Les guerres civiles, la crainte des ennemis extérieurs, et sur-tout des Francs, amenèrent insensiblement le pouvoir et enfin l'hérédité des chefs (ducs dont les premiers peu connus jusqu'à Bolestas I.ᵉʳ *Voy.* ci-après).

La suite pag. 26.

| *Suite de* **POLOGNE** *et* **PRUSSE.** | *Suite de* **SUÈDE** *et* **DANEMARCK.** | *OBSERVATIONS.* |

Suite de **POLOGNE** *et* **PRUSSE.**

Disons le mot, rien de pire en soi qu'une monarchie élective; mais dans le système de l'Europe entière, la monarchie élective de la Pologne étoit encore un vice de plus : l'élection d'un petit nombre de princes vertueux n'a point justifié cette espèce de gouvernement. Sous les empereurs, l'art de gouverner étoit bien plus facile, bien plus simple qu'il ne l'est aujourd'hui. La politique extérieure se bornoit à deux espèces de peuples, les nations Germaniques et les Parthes : mais dans l'état de choses actuel, où tout peuple influe sur un autre, où les passions étrangères se joignent aux passions intérieures, où quelquefois il peut arriver que l'élection d'un chef soit l'ouvrage de toutes les nations, excepté de celle qu'il doit gouverner ; c'est alors que le pire des gouvernemens est le gouvernement électif.

Leck I.ᵉʳ est regardé comme le premier fondateur de la Pologne, vers l'an 550. Il ne prit, ainsi que ses successeurs, que la qualité de duc. La succession de ces ducs est très-incertaine; on compte trois siècles environ depuis Leck I.ᵉʳ jusqu'à Piast, en 842.

Les Polonais, récemment formés en corps de nation, et qui n'avoient point encore perdu le souvenir de leur indépendance, avoient souffert impatiemment la domination de leurs premiers maîtres. Aussi, lorsque la famille de Leck fut éteinte, la conduite de l'état fut confiée à douze Palatins ou Vaivodes : le peuple se réserva une portion de l'autorité. Cette nouvelle forme de gouvernement ne put subsister long-temps par la division des chefs devenus des tyrans, qui déchiroient la Pologne au lieu de la défendre. On en revint à la domination d'un seul, et il paroît que ce fut vers l'an 700 que les suffrages se réunirent en faveur de Cracus, qui avoit été un des douze Palatins ; on le dit fondateur de Cracovie : il faut se défier de ces similitudes de noms. Il paroît que la Pologne vit se renouveler les troubles et même le gouvernement des douze, jusqu'à Lesko I.ᵉʳ, en 760.

Le nom de Pologne vient du mot esclavon *Pole, Poln,* qui signifie campagne, pays plat ; comme pays de plaine, sujet aux invasions. (Conséquences, raisons physiques à joindre aux causes morales.) On dérive l'étymologie du nom des Prussiens d'un autre mot esclavon *Po,* qui veut dire auprès, adjacent, et du mot *Russia* du voisinage de cette contrée ou de la rivière de Russe, qui forme un bras de la Memel dans le royaume de Prusse.

Suite de **SUÈDE** *et* **DANEMARCK.**

Les Scandinaves, les Danois, et en général tous les peuples qui habitoient les côtes, portoient sur les flots le même courage que les Scythes sur la terre. Le principe en étoit le même ; et il paroît qu'un vaisseau fut aussi le dieu de ces peuples que la mer nourrissoit, enrichissoit, pour qui cet élément étoit tout, qui enfin combattoient et triomphoient sur lui. L'histoire a conservé le souvenir de plusieurs de leurs incursions en Angleterre, Écosse, &c. Il y avoit des Danois (peuples du Jutland) mêlés parmi les Angles et les Saxons, qui s'emparèrent de la Grande-Bretagne (*voy.* cette contrée) : mais un événement presque aussi ancien, et qui leur est particulier, fut la tentative qu'ils firent dans les Gaules sur les terres du roi d'Austrasie, en 516 (cinq ans après la mort de Clovis). Je fais ce rapprochement parce qu'il est permis de croire que le partage de la France en quatre monarchies leur donnoit des espérances assez fondées qu'ils n'auroient pas eues pendant la vie de ce conquérant. (*Voy.* Goths après Théodose, Normands après Charlemagne, &c.) Je prouverai bientôt que les barbares, tout ignorans qu'étoient les chefs eux-mêmes, avoient un genre de politique qui les trompoit rarement sur leurs intérêts ; cependant ici leur espérance fut déçue. Le fils de Thierry, le vaillant Théodébert, les vainquit. Il paroît même qu'il se donna deux batailles, une sur terre et une sur mer; ce qui prouveroit que nous avions déjà une marine : mais ce qui n'est pas moins important à remarquer, c'est que la flotte danoise passa toute entière au pouvoir des Français (suites). Je ne serois pas éloigné de croire que ce fut une des causes qui nous donna l'empire de la Méditerranée vers le milieu du sixième siècle. (*Voy.* Procope.)

L'histoire des siècles suivans est si incertaine que nous passons à l'époque de Charlemagne, où le Danemarck et la Suède commencent à sortir de leur obscurité. Pour la Suède, les anciennes annales même laissent jusqu'à cette époque un intervalle de plusieurs siècles, qu'il n'est pas possible de remplir.

La suite pag. 27.

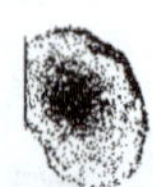

Suite de la RUSSIE.	*Suite des* PARTHES, PERSANS, &c.	*OBSERVATIONS.*

Suite de la RUSSIE.

Ainsi cette ville devint la capitale de ses nouveaux états, augmentés bientôt, par les secours qu'il envoya aux Slaves qui habitoient les rives du Dnieper, de tout le territoire de Kiow, où son successeur fixa sa résidence. Conquête de Smolensko dans le même siècle. Dans le dixième siècle, plus de quatre-vingts villes prises sur les Bulgares, le long du Danube, et autres conquêtes, tant à l'occident qu'à l'orient, au-delà du Volga (peuples soumis au tribut). A la mort de Wladimir-le-Grand (*voy.* ci-après), cet essor rapide sera arrêté par le partage des états de ce prince entre ses douze fils, en 1015. J'ai voulu, par cet enchaînement de faits, démontrer la grandeur naissante de la Russie à une époque bien antérieure à celle où nous la plaçons ordinairement; de là plus de deux siècles de troubles intérieurs, jusqu'à l'invasion des Tartares en 1236; plus de deux siècles encore d'assujettissement à ces mêmes Tartares nous conduisent à la fin du quinzième siècle (1462), époque où la Russie, sous Iwan III, recommence l'ouvrage de sa grandeur, et s'élève peu-à-peu au degré de puissance où nous la voyons aujourd'hui. Déjà quelques principautés sont réunies. Novogorod rentre sous la domination des Russes en 1477. Une partie de la Lithuanie et de la Livonie est soumise. Smolensko est réuni de nouveau. La conquête du royaume de Casan, qui avoit déjà eu lieu sous Iwan III, s'achève définitivement en 1552, sous Iwan IV, qui met, deux ans après, Astracan au nombre de ses provinces, et commence la conquête de la Sibérie, qui sera terminée sous ses successeurs. Sous son fils Féodore, la possession de l'Ingrie et de la Carelie est assurée aux Russes. Sa mort, arrivée en 1598, est suivie de quinze ans de troubles, qui suspendront un moment cette progression de conquêtes. Michel même, monté sur le trône en 1613, est obligé d'en céder une partie à la Suède et à la Pologne; mais ce sera pour la dernière fois. Alexis, son fils, reprend tout ce qui a été cédé à la Pologne, une partie de l'Ukraine, &c.; Pierre-le-Grand, tout ce qui avoit été cédé à la Suède et au-delà, et étend ses frontières en Asie, jusqu'à l'embouchure du Kur; sous Catherine, en 1772, la Livonie polonaise et une partie de la Lithuanie; en 1774, tout le pays entre le Dnieper et le Bog; en 1783 et 1784, la Crimée, une partie du Kuban, sont cédées à la Russie; en 1792, nouvelles conquêtes sur les Turcs; et enfin, en 1795, démembrement de la Pologne, soumission de la Courlande, &c.; et en 1801, réunion des états de Géorgie.

Suite des PARTHES, PERSANS, &c.

☞ Ce fut vers l'an 400 que commença à régner le généreux Yezdedjerd, que l'empereur Arcadius nomma, en mourant, tuteur de son fils, le jeune Théodose, et qui, loin de profiter de la minorité de son pupille, le défendit en ami et le chérit en père.

Pendant un siècle et plus, les six successeurs de ce prince, jusqu'à Cosroès, sont peu connus, malgré quelques dissensions intérieures.

Ce fut en 532 que commença à régner Cosroès I.er, dit le Grand, qui occupa le trône pendant quarante-huit ans, et mourut en 580 (deux siècles depuis Sapor II, après avoir fait une guerre longue et désastreuse aux Romains, vengés enfin par l'empereur Tibère).

Monté sur le trône en 595, Cosroès II, petit-fils du précédent, vaincu cinq fois par Héraclius, régnoit encore en 622.

C'est de cette année 622, que datent, 1.o l'affoiblissement visible des Perses, livrés aux guerres civiles et attaqués au-dehors; 2.o l'agrandissement de Mahomet, auquel Héraclius lui-même, malgré ses victoires, contribua par ses propres pertes et par celles des Perses, ses ennemis; 3.o enfin..........

☞ l'hégire, ère des Musulmans, mot qui désigne la fuite de Mahomet, fuite qui fut pour lui un triomphe. Déjà assez puissant pour détruire ses ennemis l'un par l'autre, il bat Héraclius, s'allie avec lui contre Cosroès, et se rend ainsi l'arbitre des deux empires. (Pour ses successeurs, *voy.* Siècles.)

☞ La chute du trône des Perses, qui a subsisté plus de quatre siècles avec gloire, ne date que de 651. Il fit place à celui des califes, bientôt un des plus vastes qui aient jamais existé, et qui durera encore quatre siècles (jusqu'en 1051). Le premier de ces quatre siècles fut tout entier aux divisions : le second commence leur grandeur sous Valid I.er, mort en 714, époque où les Sarrasins sont déjà maîtres de l'Espagne. Vingt-six ans après sa mort, en 734, Charles Martel arrête, dans les plaines de Tours, leur course victorieuse (conséq.). Les Abbassides étoient parvenus au califat par la destruction des Ommiades en 749, quand la race de Clovis s'éteignoit en France.

Le célèbre Almanzor, qui fit fleurir les sciences, règne en 754, et bâtit Bagdad. Savans de Constantinople attirés à sa cour.

Pour se faire une idée de cette grande monarchie de l'Orient, il suffit d'observer que les Parthes et les Perses comprimés à l'Occident par les Romains, n'avoient été retenus par aucun obstacle du côté de l'Orient. Les peuples de l'Inde ont presque toujours été ou trop amollis ou trop pacifiques (climat ou religion, l'un et l'autre à-la-fois).

Les califes portèrent de même leurs conquêtes à l'Orient; mais ce qui établit une bien grande différence entre eux et les peuples auxquels ils succèdent, c'est que les Romains ne leur opposent plus la même barrière du côté de l'Occident (conséquence.)

La suite pag. 28.

Suite du MOGOL.	Suite d'ALGER, TUNIS, &c.	OBSERVATIONS.

Suite du MOGOL.

Pour ce qui concerne les Indiens, si des récits historiques datant de vingt-deux siècles, c'est-à-dire, antérieurs à l'expédition même d'Alexandre, les représentent comme un peuple très-avancé dans la civilisation, on ne peut cependant établir entre eux et les Grecs ou même les Égyptiens, aucun point de comparaison. Nous manquons de notions suffisantes. Comme nous l'avons dit dans le tableau d'histoire ancienne, les Indiens nous offrent bien des débris, mais peu de monumens. Ce que l'expédition d'Alexandre produisit à cet égard, fut moins de procurer des découvertes réelles, que de faire naître l'esprit des recherches; ce fut sous les Séleucides que l'on acquit sur l'Inde ces notions que nous trouvons dans Strabon, Pline et Arrien. L'indépendance de la Bactriane avoit rompu un anneau qui unissoit l'Inde à la Syrie, à l'époque où le commerce de l'Inde passoit de Tyr en Égypte.

L'histoire de l'Inde, par Arrien, fait voir combien peu de changemens ont eu lieu chez les Indous dans l'espace de vingt-un siècles. Les conquêtes étrangères ont produit ici moins d'altération que par-tout ailleurs. Force de l'influence du culte fondé sur la nature du climat. L'histoire ancienne et moderne nous offre les preuves les plus positives que du temps d'Hérodote à celui d'Acbar l'Inde fut divisée en plusieurs royaumes ou états; c'est un point sur lequel sont d'accord Hérodote, Diodore, Pline, Arrien, et même Abul-Fazil qui vivoit dans le seizième siècle, sous le règne d'Acbar : il paroit seulement qu'un grand empire, dont la capitale fut tantôt Delhi, tantôt Patna, occupa la partie principale de l'immense vallée arrosée par le Gange; mais ce n'est point le lieu de développer cette idée.

On place, en 708, les conquêtes de Valid, sixième calife Ommiade dans les Indes, d'où nouvelles institutions, religion nouvelle, &c.; mais nous ne pouvons former, à cet égard, que des conjectures. Dans un espace de trois cents ans, les voyages de Cosmas, au sixième siècle, et ceux de deux Mahométans au neuvième, fournissant peu de matériaux à l'histoire de l'Inde, empressons-nous de remplacer ce qui nous manque ici par quelques notions géographiques. (*Voy.* ci-après.)

Suite d'ALGER, TUNIS, &c.

En 427, les Vandales abandonnant cette belle contrée de l'Espagne, à laquelle ils ont donné leur nom (Andalousie), sont attirés en Afrique par le comte Boniface, et le chassent lui-même quelque temps après, digne prix de sa perfidie, dont sa haine pour Aétius avoit été la source. Cependant les Vandales avoient à leur tête un prince aussi habile que barbare, Genseric, le plus grand politique de son temps. Appelé par Eudoxie en Italie, il entre dans Rome en 455, et livre cette ville au pillage.

Ce royaume, qui ne subsista guère qu'un siècle, fut détruit par Bélisaire et Narsès, qui chassèrent les Vandales en 534 : ces barbares ont disparu; et les vestiges de leurs ravages subsistent encore après quatorze siècles. Cette contrée, jadis si féconde (un des greniers de l'empire), est devenue presque entièrement inculte.

Toutes les autres contrées de l'Afrique fourniroient à peine, réunies ensemble, la matière d'une histoire suivie. Chaque état en particulier est une espèce de désert, dans lequel on aperçoit à peine, d'un siècle à l'autre, quelques pas d'homme.

La conquête de l'Égypte par les Arabes, liée à l'époque de Mahomet, date de 640, c'est-à-dire, dix-huit ans après l'hégire, et huit ans après la mort de ce prophète conquérant. (Rapidité de leurs conquêtes, *voy.* Siècles.) Les derniers événemens dont l'Égypte a été le théâtre, ne sont pas la seule raison qui nous ait engagés à ne pas la présenter ici comme une simple province de la Turquie : même dans les temps modernes, elle a presque toujours formé un gouvernement séparé; et l'on sait que, malgré la domination apparente des Turcs, les beys et les mamelucks ont été, jusqu'à nos jours, plus maîtres de l'Égypte que le grand-seigneur.

Cependant les Arabes, conquérans de l'Égypte, avoient successivement envahi Barca, Tripoli, et toute la côte septentrionale de l'Afrique, et étoient même passés en Europe. En 711, ils attaquèrent et bouleversèrent de fond en comble l'empire des Visigoths en Espagne. Ainsi les Vandales, qui en avoient été chassés trois siècles auparavant, furent, en quelque sorte, vengés par ces mêmes Arabes, qui les remplaçoient alors en Afrique, et sembloient succéder à leurs prétentions sur l'Espagne. (Leurs projets effrayans de conquêtes, *voy.* Siècles, France, &c.)

La suite pag. 29.

Suite de l'EMPIRE ROMAIN. (Occident.)	Suite de l'EMPIRE D'ORIENT.	OBSERVATIONS.

☞ L'empire d'Occident rétabli en 800, par Charlemagne. Les Francs, pendant un siècle, puissance dominante en Europe : mais les successeurs de Charlemagne ne soutiendront point le grand édifice qu'il venoit d'élever. Aussi foible qu'il étoit fort, son fils n'hérite que de ses états, dont le dépouillent ses enfans conjurés contre lui. Causes : les partages et encore plus l'érection des grands offices et des grands fiefs en seigneuries héréditaires, toujours nés du même principe et produisant les mêmes effets, par suite de l'impéritie de Louis et de Charles-le-Gros, trop foibles pour un si pesant fardeau. Nouveaux royaumes (Navarre, deux de Bourgogne, &c.) La race de Charlemagne s'éteint en 912. (*Voy.* France.) Dans l'espace d'un siècle environ, l'empire passe des Français, et du sang de ce prince aux Allemands et à la maison de Saxe, originaire de ces mêmes Saxons que Charlemagne n'a pu détruire. Prétextes qu'avoient les princes d'Italie pour essayer de secouer le joug : issus de Charles par les femmes, plus instruits, plus policés, reste d'une antique fierté. Les princes, Rome et l'Italie entière, ne pouvoient supporter que des pays que l'on nommoit barbares fussent le centre de l'empire des Césars et des Antonins. Le sang coule pendant deux siècles.

☞ Othon-le-Grand passe trois fois en Italie, trois fois y rétablit la paix, bientôt rompue par son absence. La réunion sous un même chef de l'Allemagne et de l'Italie, qui s'épuisent l'une par l'autre ; cause de la perte de toutes les deux pour ses successeurs. Othon III meurt en Italie, où il étoit retourné pour la troisième fois ; ainsi que les trois Othons, on y voit appelés par les troubles toujours renaissans tous leurs successeurs : (Henri II, Conrad II, Henri III, Henri IV) ses démêlés avec Grégoire VII (*voy.* Papes), Henri V, et enfin Lothaire, lequel termine pour un moment une lutte de deux siècles (de 936 à 1133), qui va recommencer pendant des siècles encore. Avant 1100, il ne restoit aux empereurs, dans l'Allemagne, proprement dite, que la haute souveraineté avec quelques droits féodaux.

D'autres guerres dirigées, non plus contre les papes, mais par eux (croisades), vont occuper Conrad III, mort en 1152. Frédéric Barberousse est entraîné à son tour dans cette lutte de l'Europe entière, laissant à la merci des papes l'Italie, où il est revenu jusqu'à six fois pour apaiser ou prévenir les troubles. En 1190, son fils, Henri VI, lui succède, passe de même en Italie, et meurt en Sicile. A sa mort, la guerre civile s'allume en Allemagne pour perpétuer près d'un siècle les dissensions intestines, qui continuent sous Philippe, et ne seront suspendues que par le règne brillant de Frédéric II.

☞ L'ambitieuse Irène, la première femme qui ait porté, à titre d'impératrice, le sceptre d'Orient, est détrônée en 802, à l'époque où elle traitoit de l'union de cet empire avec celui d'Occident, et de son mariage avec Charlemagne. Les limites des deux empires sont fixées sous le nouvel empereur Nicéphore : il est tué par les Bulgares, qui mettent en déroute Michel, son successeur. Dans ce siècle, sous Léon l'Arménien, et Basile le Macédonien, les lois reprennent leur force, et la victoire revient sous les drapeaux de l'empire. Sous Michel III, avoit fini l'hérésie des Iconoclastes, qui déchiroit l'empire depuis cent vingt ans. Peu après Photius, patriarche, (suites.) Léon, dit le philosophe, succède à Basile son père, et a pour successeur son fils Constantin Porphyrogénète, tous deux dignes du trône, s'il eût suffi d'y porter des lumières et l'amour des lettres. (Les troubles continuent.)

☞ Protecteur des arts qu'il cultive lui-même, Constantin est empoisonné en 959, par son propre fils, le parricide Romain, qui périt à son tour en 963.

☞ En 963, Nicéphore Phocas, la terreur des ennemis et l'effroi de ses peuples. Cette époque, qui finira par la décadence presque générale de l'empire, commence par quelques hommes habiles, Nicéphore, Jean Zimiscès, et sur-tout Basile, grand politique et grand homme de guerre, digne de Basile, Macédonien, dont il descend. Position de l'empire pressé entre deux états plus puissans que lui (l'empire d'Occident et les Sarrasins); cependant l'Orient offre un spectacle digne de cet empire et de ce siècle : une femme artificieuse et cruelle, Zoé, de la race Macédonienne, épouse et couronne successivement quatre fantômes d'empereurs qu'elle fait périr ou dépose à son gré, et dont le quatrième est Constantin Monomaque, sous qui l'empire s'affoiblit de toutes parts. C'est ainsi qu'à une femme barbare est attaché le sort de tous les empereurs de cet âge. Enfin, en 1057, monte sur le trône Isaac Comnène, chef d'une famille qui doit l'occuper avec gloire. Cependant, il est encore rempli quelques années par des tyrans ; et enfin Alexis, fils d'Isaac, qui règne de 1081 à 1118, se montre digne de son père. Suivent Jean et Manuel Comnène jusqu'en 1180 (espace d'un siècle, pendant lequel ces trois princes retiennent l'empire sur le penchant de sa ruine). Alexis II, qui épouse la fille de Louis VII (suite de la communication par les croisades), est assassiné par Andronic (troubles renaissans). La famille l'Ange (Isaac, Alexis) accélère la ruine de l'empire par ses propres divisions intérieures, et prépare la révolution opérée par les Français.

La suite pag. 30.

*Suite de l'*ÉTAT DE L'ÉGLISE.	*Suite de l'*ITALIE.	OBSERVATIONS.

Suite de l'ÉTAT DE L'ÉGLISE.

☞ En 800, l'élévation de Charlemagne à l'empire, en partie l'ouvrage de son génie et de sa valeur : ce prince avoit été secondé par le pape Léon III (suites, pourquoi ! *Voy.* plus haut). Léon IV, septième successeur de Léon III, plus grand que lui, plus grand que les souverains qui l'abandonnèrent, seul défendit Rome contre toutes les forces des Sarrasins, avec un courage digne des premiers âges. (Schisme de Photius, suites.)

Si Léon IV semble offrir un de ces beaux monumens de l'ancienne Rome qu'on trouve quelquefois dans les ruines de la nouvelle, il faut avouer que le dixième siècle, époque de troubles, d'infamie et de licence, offre plus d'un pape, la honte et l'opprobre du saint-siége et de l'église (Jean XII).

☞ Celui-ci couronne Othon-le-Grand en 962, et se lie ensuite avec les tyrans de l'Italie, Berenger II et son fils. Au onzième siècle, Sylvestre II, pontife français (le célèbre Gerbert), et quelques pontifes allemands, arrêtent le torrent de la corruption.

L'ambitieux Hildebrand (Grégoire VII), déjà tout-puissant sous les papes qui l'ont précédé, semble transmettre son génie turbulent à ses successeurs, Victor III, Urbain II, Gelase II, Calixte II, &c. (*Voy.* Emp. germ.) Au concile de Clermont, première croisade proposée et consentie en 1095. (Inconcevable agrandissement des papes, succession de Mathilde, cause de troubles sans nombre.)

Au douzième siècle, les papes indépendans des empereurs et du peuple, se font les dispensateurs des couronnes, et dans les croisades qui épuisent l'Occident (pendant près de deux siècles), trouvent une nouvelle source de puissance. Gloire à Alexandre III, pape en 1159, qui abolit la servitude !

☞ En 1185 les élections du souverain pontife, fixément réservées aux cardinaux (époque), simples prêtres, et, au plus, curés de Rome dans l'origine.

Suite de l'ITALIE.

☞ L'Italie va porter le joug des Français jusqu'en 888, où s'élèveront diverses principautés. Gênes commence la même année (suite du même événement), et Venise fixe toujours nos regards. Voir cette ville fondée sur les flots et défendue par eux, s'établir d'abord par suite de l'invasion des barbares, et principalement d'Attila, s'agrandir ensuite toujours, grâce à sa position, sont deux problèmes résolus par la barbarie même des conquérans. Ces hordes, quoique de la même origine sans doute que les pirates qui firent tant de ravages au neuvième siècle (*voy.* France), venoient de l'intérieur des terres et non des côtes. Pour s'en convaincre, il suffiroit de remarquer combien ils étoient étrangers à la navigation : c'est ce qui fit le salut de Venise, Ravenne, des villes maritimes d'Espagne, et ce qui, selon nous, doit expliquer pourquoi seules elles échappèrent au fléau général.

Les premiers troubles d'Italie, commencés en 888 (à la mort de Charles-le-Gros), continuent sous les Guy, les Lambert, les deux Bérenger, tyrans de leur patrie jusqu'en 904, où l'exil de Bérenger II et de son fils suspend ces premiers malheurs, pour être suivi de plus funestes encore (double prétexte pour ravir aux Allemands la couronne impériale ; l'Italie anciennement centre de l'empire ; ces princes descendoient de Charlemagne par les femmes. *Voy.* Allemagne.) Le midi de l'Italie, en proie aux mêmes révolutions, est disputé entre les Grecs et les Sarrasins, qui le ravagent pendant plus d'un siècle. Enfin chaque ville a son souverain, et ce système, toujours funeste aux sujets, ne peut présager que des désastres.

☞ Cependant le destin de Salerne, assiégée en 1017, par les Sarrasins, défendue par quelques chevaliers Normands, va changer celui de ces contrées ; tandis que la maison de Maurienne, commencée en 1014, défendue par les Alpes (Savoie), s'agrandit de siècle en siècle.

D'autres gentilshommes Normands, les seigneurs de Hauteville, attirés par le goût des aventures, deviennent souverains de la Pouille ; et bientôt l'un d'eux, Roger, vainqueur des papes, est couronné par eux roi de Naples et de Sicile, au commencement du douzième siècle.

Venise, encore plus puissante que Gênes, déjà riche de son industrie, de son commerce et de sa marine, jouit seule, comme ses îlots au sein de la mer, d'un calme profond au milieu des secousses qui ébranlent l'Europe. Ses vaisseaux sont les facteurs des trois parties du monde ; Gênes marche sur ses pas, et, comme elle, figure dans les croisades, (seules puissances maritimes en Occident.)

La suite pag. 31.

*Suite de l'*ESPAGNE *et du* PORTUGAL.	*Suite des* ILES BRITANNIQUES.	OBSERVATIONS.

Suite de l'ESPAGNE et du PORTUGAL.

☞ Quoiqu'une branche des Ommiades détruits par les Abbassides (*voy.* Arabes), ait fondé, en 756, le califat de Cordoue, et fait des progrès rapides, Issem, souverain de Cordoue, est vaincu par les Goths en 791, sous Alphonse-le-Chaste, qui règne jusqu'en 842. Les Chrétiens, aidés par les Français, gagnent du terrain (suite des divisions des Arabes), à dater d'Alphonse, époque de leur décadence. Alphonse III, dit le Grand, son troisième successeur au trône des Asturies, s'y maintient avec gloire jusqu'à sa mort (en 910).

En 914, royaume de Léon. Une révolution donne naissance à celui de Castille, en 927. Au milieu de leurs divisions, les Maures recherchoient les fêtes, les spectacles, inventoient les tournois, aimoient le luxe et cultivoient les arts.

☞ En 967, commence à régner Ramire III, neuvième successeur d'Alphonse-le-Grand : c'est vers cette époque aussi que le petit royaume de Navarre eut un moment d'éclat sous Sanche-le-Grand, qui règne

☞ L'an 1000, et réunit à son trône celui de Castille. A sa mort, du partage de ses états se forme le royaume d'Aragon. L'un de ses fils, Ferdinand, héritier de la couronne de Castille, doit sa gloire à ses succès, et une partie de ses succès au bras du fameux Rodrigue, connu sous le nom de Cid. Un autre frère de Ferdinand, également secouru par le Cid, Alphonse VI réunit toutes les couronnes de son père, enlève deux États aux Arabes (Tolède et Valence), et meurt en 1109; les Maures possédoient plus de vingt petites souverainetés (causes d'affoiblissemens). Cette époque, qui est celle des croisades, ranime le courage des Espagnols contre les Maures, et voit naître en Espagne une croisade particulière, où figurent des héros, et qui donne naissance au royaume de Portugal. Dans ce siècle les sciences fleurissent chez les Arabes, dont la perte semble être retardée par les dissensions des rois chrétiens, qui manquent et retrouvent vingt fois l'occasion de regagner le terrain qu'ils ont perdu, et de chasser les Maures à leur tour.

Suite des ILES BRITANNIQUES.

☞ L'an 800, Egbert, élevé à la cour de Charlemagne, qui lui fit présent de sa propre épée, réunit les sept royaumes : il eut pour successeur son fils et ses quatre petits-fils, dont le dernier (Alfred), aussi grand que lui, le père et le législateur de son peuple, mort en 900. Ainsi un siècle entier, pour les Anglais, qui commence et finit par un grand roi : cependant les Danois avoient paru en Angleterre depuis le règne d'Egbert jusqu'à celui d'Alfred, qui, vaincu d'abord comme son aïeul, finit comme lui par les accabler; mais sa mort leur rendit des forces et des armes. Succès et revers balancés l'espace encore d'un siècle environ jusqu'en 1002, (massacre de la part des Saxons, mœurs du temps.) Le trône est occupé jusqu'en 1017, par neuf princes Saxons, toujours de la famille d'Egbert.

☞ Plusieurs d'entre eux, Édouard l'ancien, Adeltan, Edgard; le David de l'Angleterre (mort en 975), prouvèrent qu'ils n'avoient point dégénéré. Mais l'an 1002, Éthelred, moins digne de ses ancêtres, que des premiers Saxons, imita leur barbarie : il en porta la peine ; c'est sous de tels auspices que commença le onzième siècle. Quatorze ans après, en 1016, suit un demi-siècle, époque désastreuse sous les tyrans du nord, jusqu'à l'invasion de Guillaume-le-Conquérant, en 1066.

Ce fut la célèbre bataille d'Hastings, une des plus mémorables qui se soient données en Europe, qui porta au trône les rois Normands dans la personne de Guillaume-le-Conquérant. (*Voy.* Siècles.) Sur les débris des Danois et des Saxons (toujours la même origine; *voy.* France), Guillaume II, Henri I.ᵉʳ, marchèrent sur les traces de leur père; et son arrière petit-fils (par les femmes), Henri II, le plus puissant monarque de l'Europe, fut la tige de la maison d'Anjou en 1154 : il réunit l'Irlande, qui n'avoit point encore été envahie. Son mariage avec Éléonore de Guyenne, une des causes de nos rivalités. Son fils, Richard Cœur-de-lion, règne dix ans depuis 1189, et termine cette longue suite de grands rois, (comme son père, le plus puissant prince de son temps. *Voy.* France.)

La suite pag. 32.

Suite de la FRANCE.	*Suite de la* HOLLANDE, PAYS-BAS, &c.	OBSERVATIONS.

Suite de la FRANCE.

☞ A Pépin, chef de la seconde race, digne fils de Charles Martel, et père d'un héros encore plus célèbre que lui, succède ce grand homme, empereur en 800, sous le nom de Charlemagne. Protecteur des papes, il fait aux Saxons une guerre de trente-trois ans, détruit le royaume des Lombards, soumet l'Allemagne entière. (*Voy.* ces contrées.) La gloire du nom français, semblable à celle des anciens Romains, s'étendit dans les trois parties du monde. Craint des empereurs de Constantinople, Charles étoit respecté des Sarrasins en Asie et en Afrique (*voy.* Califes). Après lui, partages impolitiques, cause de révolutions. (*Voy.* Constantin.) Ses foibles descendans, depuis Louis-le-Débonnaire jusqu'à Charles-le-Gros, mort en 888, comme rois et comme empereurs, furent écrasés du poids d'une double couronne. Sans chercher à démentir Mably, qui pense que ce fut l'anarchie et non la bataille de Fontenay, livrée en 841, qui fit la foiblesse de l'État sous Charles-le-Chauve, nous pouvons regarder cette sanglante et mémorable journée qui épuisa la France de combattans, comme ayant favorisé les invasions des Normands. L'autorité royale fut confiée dix ans à Eudes, comte de Paris, qui s'en montra digne. Il étoit grand-oncle de Hugues Capet, qui, un siècle après (en 987), devoit porter une nouvelle race sur un trône où le sang de Charlemagne ne fait plus que dégénérer (Charles-le-Simple, &c.). Louis V, le fainéant, est le treizième et le dernier de cette race, qui a régné deux cent trente-six ans, (invasions des Normands. *Voy.* Siècles.) Rollon, premier duc de Normandie, seul législateur de son temps, en Occident.

☞ En 987, Hugues Capet, qui donne à la France une forme nouvelle, abolit l'usage funeste des partages, mais se voit forcé de favoriser le système féodal, (pourquoi! il a besoin de l'appui des grands.) A sa mort, en 996, un siècle avant les croisades, la France, en proie à des vassaux puissans, ne joue qu'un rôle secondaire, sous Robert, appelé, dans le concile de Limoges, le plus docte de tous les rois (*voy.* Siècles); Henri et Philippe I.ᵉʳ, sous lequel eurent lieu l'expédition de Guillaume (*voy.* Angleterre), et le célèbre concile de Clermont en 1095 (source des croisades).

Sous Louis-le-Gros, prince guerrier et politique, qui porte les premiers coups au pouvoir féodal, et se maintient, 1.º contre les grands; 2.º contre les Anglais; 3.º contre les Impériaux; la France eût commencé à se relever sans l'impolitique de Louis VII, son successeur (Éléonore de Guyenne. *Voy.* Angleterre). Foiblesse, cruauté de ce prince; ses remords l'entraînent dans la Palestine.

☞ En 1180, sous Philippe-Auguste, l'un des héros de ce siècle, commence la grandeur de la France, qui avoit été préparée par l'administration de Suger.

Suite de la HOLLANDE, PAYS-BAS, &c.

☞ Sous les empereurs français, successeurs de Charlemagne, la partie allemande de l'Helvétie (*voy.* plus haut) fut gouvernée par les ducs de Souabe; l'autre obéissoit à des comtes : cette forme de gouvernement subsista long-temps.

☞ Tout ce que nous avons renfermé sous la dénomination générale des Pays-Bas, ayant été exposé aux incursions des barbares dans l'intervalle qui suivit la décadence de l'empire jusqu'à Charlemagne, ce prince établit, en 800, un comte de Flandres, qui fut grand forestier; mais ce ne fut que sous Charles-le-Chauve, que Baudouin Bras-de-Fer y réunit l'Artois, qui n'eut des comtes particuliers que postérieurement à cette époque. Les comtes de Hollande remontent à Thierri, duc d'Alsace en 863. Les successeurs de Thierri se maintinrent long-temps dans cette province, sans songer à se rendre plus puissans. Pendant ce temps, le royaume de Lorraine, continuellement disputé entre les rois de France et de Germanie, avoit subsisté depuis 855 jusqu'à l'an 925, où il fut réuni au corps germanique par Henri l'Oiseleur.

Ce fut encore vers la même époque que Boson, beau-frère de Charles-le-Chauve, jeta les premiers fondemens du nouveau royaume de Bourgogne, bien plus étendu que la province de ce nom, qui, depuis 843, a toujours formé un duché à part. Rodolphe, gouverneur de la Bourgogne Transjurane, ne tarda pas à suivre cet exemple. Ce second royaume comprenoit la Suisse en-deçà du Russ, le Valais, et une partie de la Savoie.

☞ Vers 930, les deux royaumes de Bourgogne (Transjurane et Cisjurane) sont réunis sous Rodolphe II. Cet état, connu depuis sous le nom de royaume de Bourgogne, de Vienne, de Provence, d'Arles, eut des rois particuliers pendant un siècle encore environ, jusqu'en 1032, qu'il passa à l'empereur Conrad II, malgré quatre autres prétendans, (guerres à ce sujet.)

☞ En 959, le royaume de Lorraine, cédé à titre de duché, se partage en deux souverainetés, dont le duché de Brabant ou de Basse-Lorraine, qui eut ses ducs particuliers jusqu'à sa réunion aux possessions de la maison de Bourgogne, et le duché de Haute-Lorraine (ou Mosellanique), dont, jusqu'au dix-huitième siècle, les ducs qui relevoient de la France, furent tous, sans interruption, de la célèbre maison de Lorraine, qui remonte à Gérard d'Alsace en 1048.

Les comtes de Hollande, presque toujours en guerre avec les petits seigneurs leurs vassaux, furent long-temps occupés à les réduire, et s'appliquèrent à leur opposer les villes, dont ils étendirent les priviléges. Telle fut, pour les Hollandais, la première origine de cet esprit d'indépendance et des prodiges d'industrie qui en sont la suite; ils se sont de tout temps montrés extrêmement jaloux de leurs priviléges : aussi les états de ces provinces ont toujours eu un grand pouvoir, et n'ont pas supporté facilement qu'on les chargeât de nouveaux subsides. L'autorité suprême étoit, pour ainsi dire, exercée en Hollande par trois pouvoirs *réunis*, le comte, la noblesse et les villes.

La suite pag. 33.

G

Suite des États d'Allemagne.	*Suite de la* Hongrie *et* Bohême.	*OBSERVATIONS.*

Suite des ÉTATS D'ALLEMAGNE.

☞ Pendant plus de trente ans du règne de Charlemagne (depuis 772 jusqu'en 803), les Saxons, sous Vitikind d'abord, ensuite sous d'autres chefs toujours prêts à secouer le joug, sont vaincus, dispersés, en partie exterminés. Charles renverse la colonne de l'*Irmenseul*, qui signifie la statue d'Arminius, regardé comme le Mars des Germains. C'étoit à-la-fois, pour les Saxons, le dieu de la guerre et de la liberté. Ce culte, à plus d'un titre, réprouvé par les vainqueurs, fut remplacé par le Christianisme. C'est l'origine d'un grand nombre d'évêchés, (suite nécessaire, cour Wehmique, horrible inquisition.) Les divisions élevées entre Louis et ses enfans, si fatales à la France, laissent au cœur de l'Allemagne une ombre de tranquillité. Invasions des Normands, liées à l'histoire des Saxons. (*Voy.* Époques générales.) De même au commencement du dixième siècle, invasions des Huns, liées dans l'origine aux guerres civiles de Franconie.

En 912, couronne élective (conséq.) pour les empereurs (*voy.* Empire); cependant, parmi les rois de Germanie, nous ne pouvons oublier ici Henri l'Oiseleur, duc de Saxe, descendant du célèbre Vitikind, qui rétablit l'empire des lois dans l'Allemagne, déchirée depuis un siècle.

☞ Sa mort, arrivée en 936, place sur le trône Othon son fils, qui donne son nom à cette époque. Sous son règne, les archevêques de Mayence archi-chanceliers. C'est aussi à ce prince que le clergé d'Allemagne est redevable de ses richesses et de sa puissance (suites sous Henri II). Sous les trois Othons, révoltes en Allemagne comme en Italie. A Henri II, duc de Bavière, le plus proche parent des Othons, et le dernier des empereurs de la maison de Saxe, succède, en 1024, Conrad II, chef de la maison de Franconie. Les grands vassaux (princes, ducs, comtes, évêques) n'en conservèrent pas moins les grands priviléges, et l'autorité qu'ils n'avoient cessé d'usurper pendant plus d'un siècle (depuis 912). Germes de dissensions intestines.

Sous les trois Henris, ambition démesurée, pouvoir extrême des papes enhardis par les troubles et l'organisation vicieuse de l'Allemagne. (*Voy.* Empire, Papes, &c.) Après environ un siècle (en 1125), cette nouvelle maison est éteinte. A Lothaire II, prince foible, duc de Saxe, succédera Conrad II, oncle du célèbre Frédéric Ier, mort en 1190, qui va porter sur le trône une famille de héros. (*Voy.* Empire.) Henri-le-Lion, duc de Bavière et de Saxe, est mis au ban de l'Empire en 1179, époque à laquelle beaucoup d'états de l'Allemagne doivent leur indépendance.

Suite de la HONGRIE *et* BOHÊME.

☞ Ces nouveaux conquérans, les Avares, sont aussi liés à l'histoire de Charlemagne. Un an avant cette époque (en 799), ils furent défaits dans la Hongrie par les troupes de ce prince, qui les repoussa au-delà du Raab (devenu limite de son empire à l'Orient), leur enleva leurs conquêtes dans l'Allemagne, transporta leurs trésors en France. Cette guerre contre les Huns ne fut entièrement terminée qu'en 804. Les Grecs les appellent Turcs, parce qu'ainsi que ces derniers ils étoient venus de la grande Tartarie. Dans ce temps, la Bohême est en proie à des barbares nommés Slaves, que le desir du butin attire en Germanie, que la crainte des armes en écarte, et que l'avidité y ramène toujours. Les Huns (dit Méhégan), successeurs de ce peuple farouche, qui a dévasté l'Europe, fixés enfin dans l'ancienne Pannonie, inquiètent l'empire d'Occident, dont ils ravagent les frontières, tandis que sous le nom d'Avares ils portent l'effroi jusqu'aux portes de la capitale de l'Orient. (Méhégan se trompe; c'est une peuplade nouvelle qui, comme nous venons de le dire, a succédé aux premières.)

C'est une grande et cruelle époque que celle où l'empereur Arnould implorant le secours des Hongrois contre la Bohême, consent à renverser les retranchemens que Charlemagne avoit construits le long du Raab pour arrêter leurs invasions.

☞ N'étant plus retenus par aucun obstacle, ils ne cessent de ravager l'Allemagne, depuis 901 jusqu'en 918 : ils y reviennent avec un nouvel acharnement en 933; elle manquoit de villes fortifiées (fantôme de liberté impolitique). De-là cette porte ouverte aux incursions des Huns.

☞ En 936, révoltes toujours renaissantes de la Bohême soumise à l'Empire par la défaite de Bolestas Ier; la même année, et dans tout le cours du dixième siècle, les Hongrois, plusieurs fois taillés en pièces et dispersés, semblant se reproduire comme la pépinière dont ils sont sortis, se rassemblent encore de nouveau en plus grand nombre, fondent sur la France, l'Italie, l'Allemagne, et s'épuisent eux-mêmes à force de ravages : on diroit que ces barbares le disputoient aux Normands, si formidables à la même époque, et s'étoient partagé entre eux l'horrible privilége de dévaster toute l'Europe.

Ce n'est donc qu'à la fin du dixième siècle que s'adoucit la férocité naturelle des Hongrois (effet du Christianisme); la Hongrie fut érigée en royaume par les papes opposés aux empereurs (politique), en faveur d'Étienne, mort en 1038, qui en fut à-la-fois l'apôtre et le législateur. Dans la Bohême, accrue des pertes de la Pologne, le titre de roi qu'avoient porté plusieurs de ses ducs, ne devint stable que sous Prémislas II, toujours de la race esclavone, en 1197. Dans les guerres de l'empire, nous verrons le royaume de Hongrie dévoué aux papes, dont il est l'ouvrage, et celui de Bohême aux empereurs, par la même raison.

La suite pag. 34.

Suite de POLOGNE *et* PRUSSE.	*Suite de* SUÈDE *et* DANEMARCK.	OBSERVATIONS.

Suite de POLOGNE *et* PRUSSE.

En 804, à Lesko I.ᵉʳ succède Lesko II, qui prit ce nom pour rappeler au peuple un prince qui lui étoit cher. Lesko III, son fils et son digne successeur, envoya, en 810, des ambassadeurs à Charlemagne.

A sa mort, troubles, mécontentemens sous ses deux successeurs, jusqu'à l'avénement de Piast, en 842, chef des branches des ducs de Silésie et de Mazovie (*voy.* ci-après), et des célèbres Piasti, ducs ou rois de Pologne, qui ont régné jusqu'à la fin du quatorzième siècle, (cinq siècles et plus.)

Aux neuvième et dixième siècles, l'histoire de l'ancienne Sarmatie cesse d'être conjecturale, et devient de jour en jour plus authentique. Jusqu'au dixième siècle également, l'histoire ne fait aucune mention du nom de Prusse. (*Voy.* Kock, *Tableau des révolutions de l'Europe,* pag. 222, sur l'auteur de la vie de Saint Adelbert, martyr des Prussiens.) La Prusse étoit partagée en douze parties, qui furent gouvernées, jusqu'au treizième siècle, par des princes idolâtres. Les anciens Prussiens adoroient les astres et les élémens.

Il en est de la Prusse actuelle comme de la Pologne, pour la situation physique, (*voy.* plus haut.) Les états du roi de Prusse sont un pays ouvert de toutes parts; il n'y a point là de royaume de par la nature; heureusement pour la Prusse, elle a eu assez généralement de grands rois. Ajoutons qu'elle est entourée d'ennemis redoutables; s'il ne lui faudroit qu'un chef médiocre ou foible pour lui préparer les plus grands malheurs : en vain elle a adopté un système de politique qu'on peut appeler d'inertie, pour s'agrandir et sur-tout pour s'enrichir; je ne partage point l'opinion de ceux qui voient déjà l'Autriche écrasée par la Prusse.

Miécislas I.ᵉʳ, en Pologne, se fait Chrétien à la sollicitation de sa femme, fille de Bolestas, duc de Bohême. Bolestas I.ᵉʳ, fils et successeur de Miécislas, reçut de l'empereur le titre de roi, titre que l'on ne voit pas avoir été commun à tous ses successeurs, mais que portèrent son fils Casimir I.ᵉʳ, qui, délivré de ses vœux par Benoît IX (raisons politiques), passa du cloître sur le trône, et son petit-fils, *le cruel* Bolestas II, qui se fit sacrer et couronner roi en 1077.

Le nom de margraviat de Brandebourg n'existoit pas encore au commencement du douzième siècle, où l'on appeloit la vieille Marche margraviat du nord. Albert, surnommé l'Ours, qui en fut investi en 1134, prit le premier le titre de margrave de Brandebourg.

La Pologne, depuis la mort de Bolestas III, en 1138, partagée en plusieurs principautés, fut souvent en proie aux divisions intestines, et exposée aux ravages de ses voisins, les Allemands, les Prussiens et les Russes. (Agrandissement de la Bohême, *voy.* cette contrée.) Par l'effet des partages, suite de la mort de Bolestas, s'élève la branche des ducs de Mazovie, qui subsista près de six siècles, jusqu'en 1526. Comme les Prussiens ne cessèrent de faire des courses dans les provinces limitrophes de la Pologne, Conrad, duc de Mazovie, appela à son secours les chevaliers Teutoniques, ordre célèbre, dont l'existence certaine date du siége d'Acre, vers 1190. La Pologne conserve, jusqu'au treizième siècle, plusieurs coutumes des anciens Sarmates.

Suite de SUÈDE *et* DANEMARCK.

Traité du roi de Danemarck avec Charlemagne (le fleuve Eyder, limite encore subsistante au midi).

Vers l'an 800, sous le règne de Biormus III (seizième roi depuis 481), le Christianisme pénètre en Suède par les soins et peut-être la politique de Charlemagne; non-seulement il pouvoit adoucir ces esprits farouches, il devoit aussi les affoiblir en les divisant : mais ce culte ne monta sur le trône que deux siècles après. Couronne élective pendant plusieurs siècles, suite d'un grand amour pour la liberté. Harald I.ᵉʳ fonde, vers 875, le royaume de Norwège, qui subsista environ cinq siècles (*voy.* Marguerite de Waldemar en 1380) : jusqu'à cette époque, révolutions fréquentes en Norwège, liées à celles du Danemarck et de la Suède même.

L'Islande se gouverne en république depuis 928 jusqu'en 1261 (plus de trois siècles).

Le premier roi chrétien de Danemarck (Harald en 950) eut pour arrière-successeur Canut-le-Grand, qui fut aussi roi d'Angleterre. L'art de vérifier les dates ne commence qu'à cet Harald l'histoire des rois de Danemarck.

Par suite du massacre horrible des Danois, commis en Angleterre vers l'an 1002, Suénon, successeur de Harald et père de Canut, passa dans cette île, ne respirant que vengeance; ainsi ce crime changea presque la nature des choses, et la querelle des Danois devint légitime d'injuste qu'elle étoit auparavant.

A la même époque (l'an 1001), Olof, premier roi chrétien, prend le titre de roi de Suède. Ses prédécesseurs n'étoient que rois d'Upsal; toujours à la même époque (vers l'an 1000), on cesse de faire usage des caractères runiques, suite du Christianisme qui anéantit tout ce qui avoit rapport à l'ancienne religion. Le Danemarck, six ans sous la domination de Magnus, roi de Norwège, jusqu'en 1047. La même année, Suénon II, roi de Danemarck, neveu de Canut-le-Grand, devient la tige d'une famille qui règnera non sans troubles pendant quatre siècles (jusqu'en 1448).

En Suède, pendant un siècle, de 1061 à 1160, guerres de religion, le trône étant occupé par deux familles, l'une chrétienne, l'autre idolâtre.

En 1109, expédition de la Norwège, liée aux croisades (soixante voiles en Espagne). Dans ce royaume, deux siècles de troubles depuis 1047 jusqu'en 1247 (ces troubles diminuent les incursions maritimes) : les Danois avoient subjugué trois fois la Norwège et deux fois l'Angleterre sans pouvoir s'y maintenir (pourquoi! peuples encore barbares : toutes les qualités nécessaires pour attaquer les états, aucune pour les conserver).

La suite pag. 35.

Suite de la RUSSIE.	*Suite des* PARTHES, PERSANS, &c.	OBSERVATIONS.

Suite de la RUSSIE.

C'est vers l'an 862 (près d'un demi-siècle depuis la mort de Charlemagne) que Rurik jette les fondemens du royaume de Russie. Ses descendans conservèrent le sceptre pendant plus de sept siècles (jusqu'en 1598) : il paroît que ce furent les Slaves ou Esclavons qui l'appelèrent volontairement pour les gouverner. Observons ici que cette race, qu'on peut appeler primitive (les Sarmates des anciens), également distincte des peuples de l'Occident ou des Goths, des Tartares et autres nations de l'Est par sa langue, ses mœurs, et la beauté de ses formes, sembloit avoir été placée par la nature dans ces contrées intermédiaires, comme pour tenir l'équilibre entre les deux grandes nations primitives de l'Asie et de l'Europe. Ajoutons que la Russie, la Pologne, la Bohême, offrent encore de grands débris de ces peuples répandus du golfe de Venise jusqu'à la Baltique, et de l'Elbe jusqu'aux régions orientales du nord de l'Asie.

Les diverses expéditions que les Russes dirigèrent contre Constantinople dès la fin du neuvième siècle, mais sur-tout dans le dixième, expliquent les rapports des Russes avec les Grecs, et la conversion à la religion grecque vers l'an 955 de la mère du prince régnant, qui fut baptisée à Constantinople ; elle fut mise au nombre des saintes de l'église de Russie.

En 988, Wladimir, son petit-fils, surnommé le Grand, embrasse la même religion, fait venir de Grèce, pour la construction des temples et de plusieurs villes, des architectes, des orfévres et des artisans de toute espèce, (enchaînement, quelques arts, écoles, &c.) Sous ce prince principalement, et même sous ses prédécesseurs, la Russie, depuis un siècle et demi (de 860 à 1015), étoit montée rapidement à un degré d'élévation qui doit frapper tout observateur, mais qui peut-être n'aura pas de peine à s'expliquer de lui-même par les événemens contemporains, si l'on veut jeter les yeux sur le monde politique à cette époque. L'empire d'Orient, attaqué par les Bulgares, dut peut-être en partie sa conservation aux fréquentes victoires que les Russes remportèrent sur les mêmes peuples ; l'empire d'Occident avoit toujours été en dépérissant sous les successeurs de Charlemagne. L'Europe entière étoit en proie aux invasions des Normands ; et les Russes, que nous venons de faire envisager comme d'autres Normands eux-mêmes, sembloient agir de concert avec eux, ou, ce qui est plus juste, étoient secondés dans leurs conquêtes par les incursions de ces barbares : mais les partages, suite de la mort de Wladimir, produisirent plus de deux siècles de guerres, de factions, de déchiremens, et préparèrent la grande révolution qui se lie à l'époque suivante.

Suite des PARTHES, PERSANS, &c.

Haroun-al-Rachyd, non moins célèbre qu'Almanzor, et digne contemporain de Charlemagne, règne en 800.

Cette même année, le califat d'Afrique est fondé ; suivent d'autres dynasties. Haroun, maître de la moitié de l'Asie et de toutes les côtes septentrionales de l'Afrique, voit, dit Méhégan, son sceptre régir l'Imaüs et l'Atlas ; et dans un empire de plus de deux mille lieues, il entend les voix des peuples si nombreux et si divers se réunir pour bénir son règne. A sa mort, comme à celle de presque tous les grands princes, la gloire de l'empire s'éclipse un moment par la division de ses enfans ; il se relève ensuite et se soutient encore un demi-siècle (jusqu'en 847) ; mais la corruption des souverains entraîne la licence, et au dixième siècle, l'empire est réduit à ses provinces d'Orient.

L'an 945, révolte générale ; le calife, dépouillé de toute autorité temporelle, n'a plus guère que le titre et les honneurs de souverain pontife : toute sa grandeur a passé en Égypte. Les Fathimites, profitant des divisions dont nous venons de parler, rentrent dans leurs anciens droits.

En 968, ils font la conquête de l'Égypte, qui achève d'assurer leur puissance, et bâtissent le Caire (ville de Mars), qui devient le centre du commerce d'Orient. Quatre dynasties principales, et une foule de petites ; image du régime féodal qui pesoit alors sur tout l'Occident. A cette époque, la religion mahométane a, dans le même temps, trois chefs principaux, qui tous se disent les véritables successeurs de Mahomet.

Tous ces démembremens affoiblirent le trône et anéantirent enfin le califat de Bagdad : une des plus grandes fautes des califes Abbassides fut de confier la garde de leurs personnes à une milice étrangère. (*Voy.* Turcs.) Vers la fin du onzième siècle, des guerres en Syrie, des Selgiucides et des califes d'Égypte, favorables aux croisés. Jusqu'alors la sage politique des califes avoit favorisé des pélerinages qui les enrichissoient : la barbarie et les vexations des Turcs furent la cause ou du moins l'occasion des croisades. Nous verrons, quatre siècles aussi après, les Turcs de Constantinople, toujours mauvais politiques, gêner de même le commerce. (Conséquences : efforts généreux, conceptions hardies, passage du cap de Bonne-Espérance.)

D'un côté, ces diverses dynasties, de l'autre, les Turcs qui sont maîtres de Bagdad, environ un siècle (de 1051 à 1152), dévastent, déchirent et se disputent ces belles contrées jusqu'à l'arrivée des Mongols, c'est-à-dire de Gengiskan et de ses fils, qui dominent depuis les murs de la Chine jusqu'aux bords du Tanaïs.

La suite pag. 36.

Suite du MOGOL.	*Suite d'*ALGER, TUNIS, &c.	OBSERVATIONS.

Suite du MOGOL.

☞ A cette époque, et sur-tout vers 850, les Arabes font un commerce maritime très-actif à la Chine et aux Indes.

Les peuples de l'Europe moderne, dit le major Rennell, appellent Indoustan tout le pays qui a pour limites à l'est le Gange, à l'ouest l'Indus, au nord les montagnes du Tibet et de la Tartarie, et la mer au sud. L'Indoustan propre, qui en est la partie septentrionale, est bien moins étendu. Le Deccan, qui signifie *sud*, et qui en est en effet la partie méridionale, comprend près de la moitié des contrées que l'on nomme communément empire du Mogol.

☞ L'empire de Ghizni fut fondé l'an 960, des débris du califat et de l'ancien royaume de Bactriane, &c.

☞ Mahmoud, quatrième empereur de Ghizni, le premier conquérant mahométan qui ait formé dans l'Indoustan des établissemens fixes, y entre l'an 1000 de l'ère vulgaire. D'après ce que nous avons dit précédemment au sujet de Valid, il est facile de croire que l'on ne connoît point d'histoire de l'Indoustan appuyée sur des matériaux ou mémoires recueillis par les Indous, qui soit antérieure à l'époque de la conquête par Mahmoud. (Ravages sans nombre.)

Après avoir compté quatorze souverains, l'empire Ghiznien, divisé en 1158, passa aux Gaurides en 1184.

☞ En 1194, prise et pillage de Bénarès. Il est probable, dit le major Rennell, que c'est vers cette époque que la langue sanscrite commença à s'altérer. La langue saxone s'altéroit également à la même époque, par suite des conquêtes des Normands.

*Suite d'*ALGER, TUNIS, &c.

☞ Le califat de Cordoue, qui devoit durer deux cent soixante-onze ans, venoit de s'établir en Espagne (en 756), lorsqu'un autre califat fut établi en Afrique, dans tout le pays qui s'étend depuis l'Égypte jusqu'à Tunis (en 800), par la dynastie des Aglabites, l'année même où le petit-fils de Charles Martel, recueillant tous les fruits des victoires de son aïeul sur les Maures, mettoit la couronne impériale sur sa tête.

Cette nouvelle dynastie, ainsi qu'une autre plus occidentale, fut anéantie au commencement du siècle suivant (en 908), par la grande dynastie des Fathimites, qui, long-temps réduite à se cacher, profita de la division des provinces d'Orient, agitées par le fanatisme et par la révolte. Fondation de la ville du Caire (ou de Mars), sous les auspices de la victoire, par ces mêmes Fathimites, maîtres de l'Égypte de 908 à 1171, où Saladin, petit-fils d'Ajoub (Job), et fondateur de la dynastie dite des Ajoubites ou Jobites, établira un nouvel empire.

☞ Cependant les Zéirides, autre dynastie arabe, avoient fait, sur les Fathimites, la conquête de l'Afrique septentrionale vers la moitié du dixième siècle (entre 935 et 979), lorsqu'au milieu du siècle suivant (en 1061), les Morabethins (Marabouths), connus chez les Espagnols sous le nom d'Almoravides, régnèrent comme pontifes et comme rois. Ainsi la religion mahométane a, dans le même temps, trois chefs, qui se chargent réciproquement d'anathèmes. (Source nouvelle de dissensions.) Cette dynastie ne subsista pas un siècle, et fit place, à son tour, dans le douzième siècle, à celle des Almohades, épuisée à la sanglante bataille d'Ubeda (*voy.* ci-après). Suivent les Mérinides, les Beni-Oates, vaincus à leur tour au treizième siècle. Comme on n'exigera pas que nous retenions tant de noms barbares, il suffira de remarquer que depuis 800 jusqu'en 1200, chaque siècle a vu s'élever et s'anéantir une ou plusieurs dynasties, sans parler des invasions des Normands à la fin du onzième siècle et au commencement du douzième. (Époque de dissensions, de divisions, liées à celles qui produisirent le démembrement des états arabes en Espagne.)

☞ En 1171, Saladin fonde un nouvel empire, qui, lui-même, ne subsistera pas un siècle, (jusqu'en 1250, époque de la croisade de Saint Louis et de la puissance des mamelucks.)

La suite pag. 37.

H

Suite de l'EMPIRE D'OCCIDENT. (Germaniq.)	Suite de l'EMPIRE D'ORIENT.	OBSERVATIONS.
☞ En 1204, Philippe, frère de Henri VI, en qui la haine des papes étoit héréditaire; après lequel Othon IV (de Saxe) trompe l'espoir d'Innocent III, qui, en se donnant un maître, avoit espéré gagner un esclave. C'est ici le lieu d'ajouter ce que la rapidité du sujet m'avoit empêché de dire sur Henri IV, qui s'étoit engagé contre les Saxons dans une guerre cruelle. Les Saxons, à leur insu, alors, servoient la cause des papes. Il n'en est plus de même sous Othon de Saxe, devenu empereur, ni sous Frédéric II, son successeur, qui continue de défendre les droits de l'empire, termine son règne glorieux à la moitié du treizième siècle (1250); quatre fois excommunié par Grégoire IX, quatre fois il le poursuit jusqu'aux portes de Rome; à sa mort, ou, si l'on veut, à celle de son fils, qui ne règne que quatre ans, l'anarchie est au comble; les vingt ans de troubles qui suivent, sont le berceau du droit public d'Allemagne; ces troubles, suite de l'ambition des papes, sont favorables à celle des puissances. (A développer. *Voy.* États d'Allemagne.) ☞ En 1273, Rodolphe de Habsbourg, chef de la maison d'Autriche, doit son élection à la foiblesse qu'on lui suppose; franchise des villes d'Italie, villes impériales. (*Voy.* ces contrées.) Recours au tiers ordre, comme contre-poids; système adopté généralement dans toute l'Europe avec des modifications (ainsi l'ambition, source de la renaissance du droit et de révolutions futures). Albert, fils de Rodolphe, est un moment écarté du trône, tant la grandeur naissante du père avoit porté d'ombrage. Sous Henri VII, chef de la maison de Luxembourg, les factions des Guelfes continuent. Louis V, son successeur, est excommunié deux fois par Jean XXII. Bulle d'or sous Charles IV. Venceslas son fils, le Néron de l'empire, est déposé en Allemagne comme Richard en Angleterre. Successeur de Venceslas, Robert (palatin), empereur en 1400, éprouve des revers en Italie, et laisse ces malheureux pays en proie à toutes les factions qui les déchirent (les papes à Avignon). Après lui Sigismond, deuxième fils de Charles IV, à-la-fois empereur, roi de Hongrie et de Bohême. (*Voy.* ces contrées.) Époque du schisme, suite de l'absence des papes (concile de Constance). Il laisse une fille unique qui épouse Albert d'Autriche, empereur en 1438. En sa personne le trône impérial revient dans sa maison pour n'en sortir qu'une fois. (*Voy.* ci-après en 1742.) Sous Frédéric-le-Pacifique, nouvel agrandissement par alliance (Bourgogne, Provinces-Unies). ☞ En 1493, à Frédéric-le-Pacifique succède son fils Maximilien, inquiet, remuant, ambitieux.	☞ Isaac l'Ange, et Alexis son fils, ont été mis à mort par un tyran, que les croisés font mourir à leur tour; et conquérant le trône pour eux-mêmes, ils y placent, en 1204, Baudouin, comte de Flandres, qui est mis à mort par les Bulgares. Cet empire, dit des Latins, ne dure guère qu'un demi-siècle (cinquante-sept ans), sous cinq princes français (nouveaux empires de Nicée et de Trébisonde). Jean Lascaris, remonté sur le trône de ses pères, n'est qu'un enfant sur lequel Michel Paléologue, l'homme le plus habile de son temps (qui reprend Constantinople), usurpe le sceptre impérial, que sa famille va conserver sans interruption près de deux siècles (cent quatre-vingt-douze ans). Divisions d'Andronic II et d'Andronic III, son petit-fils, favorables aux Turcs. ☞ En 1300 (sous Andronic II, qui règne près d'un demi-siècle), commence l'empire des Turcs, par Ottoman, qui lui donne son nom. Amurat, son petit-fils et son arrière-successeur, est le premier qui soit entré en Europe (prise d'Andrinople). Jean Cantacuzène, qui avoit donné sa fille en mariage au sultan, quitte la souveraineté pour le cloître en même temps qu'Humbert, dauphin de Viennois, et rend aux Paléologues le trône qu'il avoit usurpé; mais il le rend flottant au milieu des orages. Bajazet, fils d'Amurat, presque maître de l'empire et de sa capitale, vainqueur à Nicopolis, s'apprêtoit à renverser le trône des Césars, lorsqu'un puissant ennemi, faisant une diversion utile, Tamerlan, le destructeur des empires, semble suspendre la chute de celui-ci. En 1402, bataille d'Ancyre, où il défait Bajazet. La disgrace des Turcs n'est que passagère. En 1421, règne Amurat II, vainqueur des Grecs, qui avoient profité de la défaite de Bajazet; il est arrêté dans ses conquêtes par Scanderberg et Jean de Hunniade, qui retardent un moment la chute de Constantinople (époque à jamais célèbre), réservée à Mahomet II, en 1453. Constantin VIII, dernier empereur d'Orient, voulut au moins, mourant en héros, s'ensevelir sous les ruines de la ville et de l'empire, (suites, *voy.* Siècles.)	

La suite pag. 38.

| *Suite de l'*ÉTAT DE L'ÉGLISE. | *Suite de l'*ITALIE. | *OBSERVATIONS.* |

☞ Innocent III, grand jurisconsulte, pape en 1200, commande à toute l'Europe, que les croisades ont mise en feu, par les ordres mendians et par les tribunaux d'inquisition qu'il établit. Sous Innocent IV, son quatrième successeur, encore plus puissant que lui, commencent les guerres des Guelfes et des Gibelins. Ami de Frédéric II, tant qu'il ne fut que cardinal, et son plus irréconciliable ennemi dès qu'il devint pape.

☞ Les démêlés de Boniface VIII, qui occupe, en 1300, le siége pontifical, ont rempli toute l'Europe; et, la même année qu'Ottoman fonde l'empire turc, Boniface veut mettre le sceau à la puissance des papes, qui, parvenue au comble, ne peut plus que décroître. L'anarchie toujours à Rome (Rienzi), le saint-siége transféré à Avignon, donnent de l'influence aux Français (qui comptent sept papes de leur nation), et préparent le grand schisme en 1378; il dure près de quarante ans, jusqu'à Martin V, qui, en 1417, a la gloire de renoncer à des droits contestés, pour pacifier Rome, l'Italie, l'église et le monde. L'influence du roi des Deux-Siciles, chef des Guelfes, avoit précédé celle des Français.

A son tour, Nicolas V console les arts, les sciences et la vertu : en 1471, Sixte IV, le généreux décorateur de Rome, le restaurateur de ses antiques et l'appui de toutes les sciences. Innocent VIII, en 1484, s'efforce en vain de réunir les Chrétiens contre les Turcs, maîtres de Constantinople depuis 1453. Il joignit les vertus aux lumières; époque de près d'un siècle, où, malgré la mollesse de Paul II, exagérée par Platine, le saint-siége eût été dignement occupé, si Alexandre VI, le Néron de l'église, grand artisan des guerres d'Italie, et monté sur le trône pontifical en 1492,

☞ C'est-à-dire, l'année même de notre époque, n'y eût porté les mœurs scandaleuses des papes du dixième siècle.

☞ En 1204, Venise partage avec les Français l'honneur de la prise de Constantinople. Gênes, enrichie comme elle par les croisades, est au comble de sa prospérité. L'envie doit naître bientôt de ce partage presque égal des faveurs de la fortune, et produire pour chacune d'elles des malheurs égaux.

Les querelles des papes, des empereurs, continuent à troubler le reste de l'Italie. Le trône de Naples, qui a passé aux Souabes, est ensanglanté, et le jeune Conradin, le dernier d'un sang illustre, expie sur l'échafaud l'honneur d'être sorti de cette famille de héros. Cette couronne passe, en 1265, à la maison d'Anjou, et la Sicile devient, après dix-sept ans (en 1282), la proie des rois d'Aragon. Le massacre appelé *vépres siciliennes*, date de la même année. Les Napolitains, dit Voltaire, toujours foibles et remuans, incapables de se gouverner eux-mêmes, de se donner un roi, et de souffrir celui qu'ils avoient, étoient au premier qui arrivoit chez eux avec une armée.

☞ En 1290, ruine de Pise, de son port et de sa marine, par Gênes, à la suite de plus de deux siècles de guerres toujours renaissantes, dont les îles de Corse et de Sardaigne avoient été le premier sujet. Suivent, pour l'île de Ténedos, les guerres de Gênes et de Venise, qui troublèrent l'Italie entière près de deux siècles encore : elle s'étoit partagée entre les deux peuples. Venise n'échappa aux divisions des Guelfes et des Gibelins, qui déchiroient alors les autres républiques d'Italie que par son gouvernement aristocratique. Pendant le douzième, le treizième et le quatorzième siècles, on voit s'élever non pas une, mais plus de cent guerres civiles. Les empereurs avoient vendu en Italie ce qu'ils ne pouvoient conserver. Quelques villes, Bologne, Lucques, Florence, avoient acheté des franchises (*voy.* Hollande); de là de nouvelles maisons souveraines : Mantoue passe de tyrans en tyrans jusqu'à la maison de Gonzague (en 1328). On voit la maison d'Est (qui a produit les ducs de Ferrare et de Modène) commander dans ces villes, les Sforces à Milan, les Médicis à Florence, qui étoit alors une nouvelle Athènes.

Au commencement du quinzième siècle, en 1401, une victoire remportée sur l'empereur lui-même élève au plus haut point de grandeur la maison des Visconti, qu'une minorité affoiblit bientôt, et qui cessa, en 1447, de compter parmi les maisons souveraines. Ainsi, pendant trois siècles environ (depuis la mort de Frédéric, en 1190, jusqu'au règne d'Alexandre VI, en 1492), l'Italie semble n'avoir conquis l'indépendance que pour ajouter au fléau de ses dissensions intestines.

☞ En 1491, mort de Laurent de Médicis, père de Léon X (*voy.* Papes); calamité publique de l'Italie livrée aux troubles civils au-dedans, et aux guerres du dehors, dont son génie l'avoit garantie jusque-là.

La suite pag. 39.

*Suite de l'*ESPAGNE.	*Suite des* ILES BRITANNIQUES.	OBSERVATIONS.

Suite de l'Espagne.

☞ En 1212, célèbre bataille de Tolosa ou de Murandal, où deux cent mille Musulmans restèrent sur la place. La perte de Cordoue, des royaumes d'Andalousie, de Valence, cette fois semble irrévocable. Cette grande chute est encore ajournée à deux siècles. En 1236, le siége de Cordoue est transféré à Grenade; et les Sarrasins, plus resserrés, n'en paroissent que plus forts. Une mort prématurée enlève, en 1252, Ferdinand III, roi de Castille, qui leur avoit pris Mérida, Badajoz, Cordoue, Séville, et se préparoit à repousser avec eux, dans l'Afrique, leur première patrie, tous les fléaux de la guerre.

☞ En 1284, mort d'Alphonse X, son successeur, l'un des grands astronomes de son siècle, (rapport avec les Arabes.) Le projet de Ferdinand III, qui rappelle les beaux jours de l'antiquité, étoit d'autant mieux conçu, que les Musulmans ne résistoient plus qu'avec les secours de l'Afrique. Petit-fils de l'astronome, Alphonse XI, dans les plaines de Tarif, combat le roi de Maroc, et le force de repasser dans une barque de pêcheur, comme Xerxès, la même mer qu'il a traversée avec trois cents vaisseaux de guerre. Par suite de cette bataille, siége et prise d'Algésiras, boulevart de Grenade, où, pour la première fois, on se servit du canon. Princes odieux sur différens trônes d'Espagne (Charles-le-Mauvais, en Navarre; Pierre-le-Cruel, en Castille; Pierre IV, en Aragon, &c.). La politique de Charles V, roi de France, qui favorise Henri de Transtamare, a porté-à-la-fois les armes des Anglais en Espagne, et purgé ses États de brigands qui les dévastoient, et qui, sous Duguesclin, deviennent des héros.

Peu d'intérêt pendant près d'un siècle; minorités orageuses; règnes foibles et désastreux depuis 1379, jusqu'en 1474, où Isabelle succède au foible Henri son frère, pour réunir, par son mariage avec Ferdinand, roi d'Aragon, les deux couronnes en une seule.

☞ En 1486, découvertes des Portugais; grands rois sur leur trône.

☞ En 1492, par la prise de Grenade sur les Musulmans, seule ville qui leur restât encore en Espagne, expulsion des Maures qui ont subsisté près de huit siècles; découverte de l'Amérique (suites).

Suite des Iles Britanniques.

☞ L'an 1199 (deux siècles avant la destruction de cette maison, en 1399), commence le règne de Jean Sans-terre, frère et successeur de Richard Cœur-de-lion (voy. croisades); fameuse charte, base de la constitution britannique.) Ici continue encore la rivalité avec la France, dont l'agrandissement de Guillaume, et le mariage de Henri II avec l'héritière de Guyenne, avoient été les premières causes. Que de sang coula, funeste effet des désordres d'Éléonore ! Philippe Auguste enlève au roi Jean les plus belles provinces qu'il possédoit en France. (A développer.)

La maison d'Anjou ne recouvre sa gloire qu'à la mort de Henri III, fils de Jean, ... ☞ en 1272 (un an avant l'élection de Rodolphe). Alors commence à régner Édouard I.ᵉʳ, qui conquit l'Écosse, le pays de Galles, et dont le règne d'Édouard II, son indigne successeur, ne sert que de passage à celui d'Édouard III, héros trop célèbre pour le malheur de la France. (*Voy.* France.)

Journées de Crecy, de Poitiers; deux rois prisonniers à Londres; l'Angleterre est au plus haut point de sa gloire. Sous ce règne d'un demi-siècle (de 1327 à 1377), pouvoir des papes déchu, (pourquoi !) La nouvelle maison impériale, si puissante après deux siècles, commence par la foiblesse; la France agitée se sent encore de l'épuisement de ses finances, suite des croisades, &c. En 1399, Richard II, petit-fils et foible successeur d'Édouard III, ayant été détrôné par Lancastre, commence la rivalité de cette maison avec celle d'Yorck, qui va, jusqu'en 1485, ensanglanter le trône et le royaume entier.

Par un enchaînement étrange, ces troubles rendent le calme à la France. L'histoire de ces deux puissances rivales peut s'expliquer l'une par l'autre; leur chronologie même a des rapports étranges dans ce siècle sur-tout (en 1422, Henri VI, Charles VII en France; en 1461, Édouard IV; Louis XI en 1483; Édouard V, Charles VIII, &c.) Dans ce siècle, quatre rois d'Écosse du nom de Jacques (et Stuard), le premier assassiné, les trois autres morts les armes à la main, (de 1424 à 1513, époque où règne Jacques V, père de Marie Stuard.)

La suite pag. 40.

Suite de la FRANCE.	*Suite de la* HOLLANDE, PAYS-BAS, &c.	OBSERVATIONS.

Suite de la FRANCE.

☞ A la célèbre bataille de Bouvines, en 1212, Philippe triomphe d'une ligue formidable du roi d'Angleterre et de l'empereur. Après Louis VIII, règne glorieux de Louis IX, une des époques les plus heureuses pour la France, sans ses revers en Orient; sous lui, police et législation inconnues jusqu'alors. A son fils, Philippe-le-Hardi, succède, en 1285, Philippe-le-Bel, qui règne vingt-neuf ans avec fermeté. (*Voy.* Papes.) Suite des croisades; épuisement, altération des monnoies; supplice des Templiers, déjà si riches à la fin des croisades qui les ont vus naître. Ses trois fils lui succèdent rapidement, et sa branche s'éteint. Rapprochement avec les fils de Henri II, ci-après. Le royaume de Navarre, réuni sous ces quatre règnes à la France, en est séparé, (pourquoi!) Jusqu'à Louis VIII, tous les rois de cette troisième race, successeurs de Hugues Capet, avoient été sacrés du vivant même de leur père; précaution politique, aveu tacite d'une usurpation récente que le temps n'a point encore cimentée (deux siècles et plus).

☞ Branche des Valois en 1328. Sous Philippe de Valois, Robert d'Artois fut la cause d'une guerre sanglante déclarée en 1336 par l'Angleterre à la France, et qui dura cent ans à différentes reprises (réunion du Dauphiné, suites). Philippe termine sa carrière à la moitié de ce siècle (en 1350). Sous Jean son fils, célèbres états-généraux, époque de troubles et de factions dans l'intérieur de la France. Heureusement il a pour successeur un autre Salomon; son fils Charles V, dont la sagesse est passée en proverbe; il alimente les troubles de Bretagne et d'Écosse (pourquoi!), attire le prince Noir en Espagne, et par-tout le bras de Duguesclin seconde ses projets. Ainsi la fortune de la France, ébranlée sous Philippe VI, affoiblie sous Jean, relevée sous Charles V, semble l'abandonner entièrement sous Charles VI, pour mieux signaler son retour sous Charles VII, après un siècle de guerres. Époque brillante; la noblesse, les la Trémouille, les Foix, les d'Armagnac même, Jeanne-d'Arc, Dunois, une foule de braves, femmes, amis, maîtresses, enfin, tout le sert, tout est pour lui; la France ne va plus tendre qu'à s'agrandir. En 1461, Louis XI, le Tibère de la France, plus puissant qu'aucun de ses prédécesseurs, agrandit et fortifie la monarchie, abaisse les grands, élève des hommes de la plus basse extraction (instrumens dans ses mains, caractère de despotisme. *Voy.* Asie). Sous son fils, les guerres ont cessé au-dedans; on court les chercher au-dehors. L'Espagne, jadis divisée en une foule de petits royaumes, n'obéit plus qu'à un seul chef; le corps germanique s'est fortifié en se régularisant; la ruine des grands vassaux a brisé en France toutes les entraves du monarque. Quel spectacle de voir ces trois grands corps politiques, plus entreprenans désormais, essayer leurs forces l'un contre l'autre! Il s'en présente une occasion, et l'Italie en offre le théâtre.

☞ En 1495, guerres d'Italie sous trois règnes consécutifs. Charles VIII, Louis XII, François I.ᵉʳ, princes francs, généreux, mais imprudens, joués par des souverains artificieux, méchans, mais grands politiques (trente ans jusqu'à la bataille de Pavie).

Suite de la HOLLANDE, PAYS-BAS, &c.

☞ Frédéric II, monté sur le trône impérial en 1212, vit s'éteindre en lui la prospérité de l'empire et de sa maison. A la suite des révolutions de cette époque, il ne restoit plus que l'infortuné Conradin, son petit-fils, que Charles d'Anjou fit périr en 1264. La race des rois d'Arles et de Bourgogne se trouva ainsi éteinte; et tout ce qui avoit fait partie de l'empire tomba, ainsi que lui, dans la plus funeste anarchie jusqu'à Rodolphe de Habsbourg, qui ne fit valoir ses droits ni sur l'Italie ni sur le royaume d'Arles; les seigneurs qui en dépendoient, se rendirent les uns indépendans, les autres (les plus foibles) vassaux des rois de France ou des princes voisins.

Les Suisses, qui, dans l'état de dissolution dont nous venons de parler, étoient devenus presque indépendans, après avoir fait, comme nous l'avons dit, partie du royaume de Bourgogne, avoir été gouvernés un moment par des ducs de Zaringue, être revenus, en 1218, sous la domination immédiate de l'empire, sembloient avoir épuisé, depuis neuf siècles, tous les genres de sujétion, et devoir jouir paisiblement d'un état conforme à la nature du sol qu'ils habitoient.

☞ La maison de Habsbourg, qui avoit en Suisse de grandes possessions, étant parvenue à l'empire, eut le projet d'en faire une seule souveraineté, et y seroit peut-être parvenue, sans l'extrême rigueur des gouverneurs qu'on y envoya, et qui, par leurs mauvais traitemens, provoquèrent un soulèvement général en 1308 (Guillaume Tell). Sept ou huit ans après, en 1315, les Suisses remportèrent une grande victoire qui les confirma de plus en plus dans leur indépendance, et devint comme la base de leur système fédératif. Cette alliance n'eut lieu d'abord qu'entre les quatre cantons dits Forestiers. Le roi Jean, sous qui le duché de Bourgogne, séparé, comme nous l'avons dit, du royaume de ce nom, avoit été réuni à la couronne, le donna à l'un de ses fils, Philippe-le-Hardi, tige d'une seconde maison dont il commença la grandeur par son mariage avec Marguerite de Flandres : cependant l'industrie se réveilloit, sur-tout à Gand, à Bruges, à Anvers. Voilà ce qui rendoit ces villes si célèbres, et les ducs de Bourgogne si puissans parmi les souverains de cet âge. Philippe-le-Bon, père de Charles-le-Téméraire, acheta, en 1428, le comté de Namur, hérita, deux ans après, des duchés de Brabant et de Limbourg, et en 1433, des comtés de Hainaut, de Hollande, &c. (dix ans après, nouvelles acquisitions, agrandissement prodigieux presque toujours par les femmes.)

☞ En 1477, Marie de Bourgogne, fille unique de Charles-le-Téméraire, porte la puissante succession de son père dans la maison d'Autriche, par son mariage avec Maximilien (depuis empereur), origine de guerres sanglantes avec la France.

☞ Les Grisons, partagés en trois républiques, appelées Ligues, font entre eux une alliance perpétuelle dès l'an 1471, et s'allient avec les Suisses en 1497. Ceux-ci complètent les treize cantons de 1501 à 1513 (à développer).

La suite pag. 41.

I

Suite des ÉTATS D'ALLEMAGNE.	*Suite de la* HONGRIE *et* BOHÊME.	OBSERVATIONS.

Suite des ÉTATS D'ALLEMAGNE.

☞ Après Philippe et Othon IV, Frédéric II, en 1212, fils de l'empereur Henri VI, monte sur un trône qu'il pouvoit regarder comme celui de ses pères. Nous avons dit que sa mort fut comme le signal des plus grands troubles qui aient jamais ravagé l'Allemagne, et l'origine d'un nouvel ordre de choses (princes indépendans, ligue Hanséatique, collége électoral) : empressons-nous d'en esquisser le tableau. Les querelles pontificales, les expéditions en Italie, en affoiblissant le pouvoir des empereurs, favorisent l'esprit d'indépendance. On fait remonter au milieu du treizième siècle l'origine de cette simple association de communes devenue bientôt si formidable sous le nom de ligue Hanséatique (maritime). Le nombre des villes confédérées, dont Lubeck, Limbourg, Cologne, Dantzik, se monte à quatre-vingt, et elles jouèrent dans le quatorzième siècle, le rôle de puissance dominante dans le nord. (*Voy.* Danemarck, Suède, Prusse, &c.)

☞ A l'époque de Rodolphe, l'élection des empereurs exclusivement réservée aux grands officiers de la couronne, d'où électeurs, qui sont, les archevêques de Mayence, de Cologne, de Trèves (archi-chanceliers), et quatre séculiers ; le roi de Bohême, comme grand échanson, le duc de Bavière, comte Palatin, comme grand maréchal, et le margrave de Brandebourg, comme grand chambellan. Les maisons de Bade et de Würtemberg datent leur élévation de cette même époque. (*Voy.* ci-après.)

L'empereur Louis V de Bavière, mort en 1347, tige des différentes branches de Bavière. (*Voy.* ci-après.) Louis-le-Sévère, son père, avoit partagé le Palatinat et la Bavière entre ses deux fils ; mais les voix des deux frères n'étoient comptées que pour une. Les changemens survenus en Bavière, peu intéressans jusqu'à la guerre de trente ans. (*Voy.* ci-après.)

Albert III est le dernier électeur de Saxe, de la maison d'Anhalt ; et en 1423, l'électorat de Saxe passe à la maison de Misnie : ainsi le nom de Saxe est transféré aux bords de l'Elbe du sein de la Westphalie. (Pour les deux autres électeurs séculiers, *voy.* Bohême et Prusse.)

☞ Frédéric-le-Sage, électeur depuis 1486 jusqu'en 1525, protége Luther ; et Philippe-le-Magnanime, landgrave de Hesse, embrasse sa croyance (suites).

☞ En 1495, célèbre diète de Worms. (*Voy.* Empire.)

Suite de la HONGRIE et BOHÊME.

☞ Jusqu'à André II, qui commence à régner en 1204 (l'année même de la prise de Constantinople par les croisés), les plus illustres successeurs d'Étienne avoient été, Étienne II (en 1114), formidable aux Vénitiens, le sage Béla, son successeur, et (en 1196) Éméric, qui désarma des rebelles par sa seule présence. André II, en 1217, est, avec Jean de Brienne, à la tête de la sixième croisade, plus funeste encore que les précédentes par l'imprudence du légat du pape. En 1235, à André succède Béla IV, prince vertueux, sous qui la Hongrie est déchirée par une horde innombrable de Tartares, qu'il parvient à dissiper ; c'étoient les Mongols, commandés par Batukan (leurs ravages horribles. *Voy.* Russie ; la vraie cause de leur retraite, *idem*).

☞ Le roi de Bohême, qui étoit déjà au nombre des électeurs de l'Empire, avoit cru pouvoir s'affranchir en entier du joug de Rodolphe ; mais ce prince, en 1278, l'attaque, et Ottocare, battu deux fois, est tué les armes à la main : il eut pour successeur Venceslas IV, le modèle des princes, auquel succède Venceslas V, le dernier de l'ancienne race des rois de Bohême, éteinte en 1306.

☞ L'empereur Henri VII fuit passer cette couronne, en 1310, sur la tête de son fils Jean, tué en combattant pour les Français à la bataille de Crécy : il conçoit le projet de s'emparer de l'Italie ; ses désastres produisent l'élévation des Visconti.

La même année, la maison d'Anjou, dans la personne de Charles Robert, secondé par le pape, passe du trône de Naples à celui de Hongrie, disputé par quatre concurrens célèbres, et demeuré vacant par la mort d'André III, le dernier de l'ancienne race des rois de Hongrie, événement qui plongea ce royaume dans des troubles de longue durée.

Louis, surnommé le Grand, le héros de son siècle, fils de Charles Robert, et qui lui succède en 1342, règne avec gloire pendant quarante ans. Vainqueur des Tartares, il les chasse à jamais de son royaume, enlève aux Vénitiens la Dalmatie, qu'ils possédoient depuis trois siècles, est appelé, en 1370, au trône de la Pologne. Ce prince n'ayant laissé que deux filles, sa mort fait passer le trône de Hongrie à la famille de Luxembourg. La Hongrie, si glorieuse sous son règne, devenue tout-à-coup le théâtre des crimes et des vengeances, est en proie à toutes les horreurs d'une révolution. La bataille de Nicopolis, gagnée par Bajazet, enlève à Sigismond la Hongrie ; et six ans après, en 1402, la victoire de Tamerlan, dans les plaines d'Ancyre, influe sur le sort même de ce royaume (retour de Sigismond, enchaînement. *Voy.* Emp. ottoman). Les empereurs Charles IV, et ses deux fils, Venceslas et Sigismond, occupent tour-à-tour le trône de Bohême pendant près d'un siècle (de 1346 à 1437). Sigismond, par son mariage avec Marie, fille de Louis, étoit déjà roi de Hongrie. Guerre des Hussites qui dure seize ans. Zisca, leur chef, en 1419. Les trois couronnes ne font que passer, en 1438, sur la tête d'Albert d'Autriche, et se partagent à sa mort. Troubles qui en sont la suite. Son fils perd, avec la vie, la sanglante bataille de Varna contre Amurat II, en 1444.

☞ Le célèbre Jean de Hunniade meurt en 1456, après avoir forcé Mahomet de lever le siége de Belgrade. (*Voy.* ci-après.)

La suite pag. 42.

Suite de la POLOGNE *et* PRUSSE.	*Suite de* SUÈDE *et* DANEMARCK.	OBSERVATIONS.

Suite de la POLOGNE *et* PRUSSE.

☞ Conrad, qui fut premier burgrave de Nuremberg, et dont les successeurs, après deux siècles, posséderont l'électorat de Brandebourg, vivoit en 1200.

☞ Les Mongols, après la prise de Kiow (*voy.* Russie), se jetèrent sur la Pologne, qu'ils remplirent de carnage, après avoir brûlé Cracovie.

C'est encore vers ces temps désastreux, et même quelques années avant, que l'ordre Teutonique est transféré, en 1230, dans la Prusse, dont il commence la conquête : elle embrassoit tout le pays situé entre la Vistule, la Pologne, la Lithuanie, la Samogitie et la mer Baltique.

Ce fut à la fin d'une guerre meurtrière de cinquante-trois ans, que la Prusse tomba au pouvoir de l'ordre Teutonique, en 1283, (de 1230 à 1283, cinquante-trois ans.)

☞ En 1295, Prémislas ayant réuni plusieurs parties de la grande et de la petite Pologne, y rétablit la royauté anéantie depuis plus de deux siècles.

☞ Uladislas IV, successeur de Prémislas, déposé en 1300, remonte de nouveau sur le trône en 1305 ; il fut père du célèbre Casimir III, surnommé le Grand, législateur de son peuple, et le dernier roi de la famille des Piasti.

☞ Cependant, dès 1311, l'ordre Teutonique étoit maître des deux rives de la Vistule, depuis sa sortie de la Pologne jusqu'à son embouchure : source de guerres longues et sanglantes avec la Pologne. Une autre guerre, une des plus formidables que l'ordre eut à soutenir, fut celle contre les Lithuaniens, ennemis du nom chrétien, qui dura plus d'un siècle, presque sans interruption. Quatre victoires célèbres de 1342 à 1370, année de la mort du grand Casimir.

Kock observe que vers l'an 1320, la Pologne avoit acquis les contrées qu'elle a perdues de nos jours, et à-peu-près de la même manière. Environ un siècle après (en 1420), les Prussiens n'ayant que le choix des fers, préfèrent le joug de la Pologne à celui des chevaliers, et se soumettent à Uladislas, tige des Jagellons, et grand-duc de Lithuanie, que ses qualités brillantes avoient porté, en 1386, sur le trône de Pologne (enchaînement); nouveau sujet de guerre avec l'ordre Teutonique, qui, jusqu'en 1525 (*voy.* ci-après), conserva la Prusse orientale, ayant cédé à la Pologne la Prusse occidentale ou royale. La couronne de Pologne, jusqu'alors héréditaire, devient élective, (source de malheurs.) Uladislas, duc de Lithuanie, réunit cette couronne à son duché, trop puissant pour l'ordre Teutonique, si les divisions des Jagellons ne lui eussent été favorables.

Cependant l'empereur Sigismond avoit investi, au concile de Constance, Frédéric, burgrave de Nuremberg (en reconnoissance des services qu'il lui avoit rendus dans la guerre des Hussites et de Hongrie), de l'électorat de Brandebourg, que sa postérité a toujours conservé depuis. Frédéric II son fils refuse les deux couronnes de Bohême et de Pologne; on le voit dans ce temps combattre les Prussiens.

☞ En 1494, la mort de Casimir IV, arrière-successeur d'Uladislas, livre le trône à Jean son fils; foiblesse du gouvernement. Plus de cent mille Polonais enlevés et vendus aux Turcs (épuisement).

Suite de SUÈDE *et* DANEMARCK.

☞ Le célèbre archevêque Absalon gouverne le Danemarck avec gloire sous Waldemar I.ᵉʳ, et son fils Canut VI, mort en 1203.

☞ En 1217, premier traité de Haquin V, roi de Norwège, respecté au-dedans et au-dehors, avec le roi d'Angleterre.

En Suède, l'an 1250, avénement des rois Folkingiens dans la personne de Waldemar I.ᵉʳ, qui bâtit Stockholm ; maison nombreuse anéantie dans l'espace d'un siècle par l'ambition et la cruauté de ses principaux chefs (de sept, cinq furent détrônés). La Laponie, réunie à la Suède dans le même siècle (1277).

En 1273, Magnus VII, fils de Haquin V, réforme les anciennes lois, et pacifie, pour un temps, son royaume, qui ne doit plus guère subsister qu'un siècle après lui.

☞ A la mort de son fils Haquin VI, en 1319, son trône passe de sa maison à Magnus, roi de Suède, dont le fils épousera la célèbre Marguerite.

En 1333, Waldemar IV, père de Marguerite, rétablit l'ordre dans ses états agités depuis quatre cents ans (Danemarck), et prépare le règne glorieux de sa fille. Un royaume démembré, une nation divisée, des rois sans pouvoir, un peuple sans frein, des grands qui se jouent de l'autorité, et des évêques qui l'usurpent : voilà l'image que l'histoire nous offre du Danemarck jusqu'à ce prince; raison qui prépare l'union des trois couronnes; projet peut-être plus brillant que solide (pourquoi! limites naturelles, ancienne antipathie entre ces peuples).

En 1397, cette union s'exécute sous le nom d'union de Calmar, sous Marguerite, qui suspend quelque temps le cours de cette longue suite de guerres qui avoient embrassé tant de siècles. L'ordre renaît sur les débris des factions (malheureusement tous les rois de l'union furent des princes foibles ou des tyrans.)

Un demi-siècle après, la mort de Christophe III, en 1448, porte sur le trône de Danemarck la famille d'Oldembourg, si féconde en grands rois; et sur celui de la Suède, qui supportoit impatiemment le joug danois, le grand maréchal, sous le nom de Charles VIII, trois fois chassé et trois fois ramené sur le trône. Ainsi un même événement donne de nouveaux rois à la Suède et au Danemarck, ce qui se renouvellera encore à l'expulsion de Christiern II.

☞ En 1492, depuis quarante-quatre ans, le trône avoit passé à la maison d'Oldembourg dans la personne de Christiern I.ᵉʳ; et Jean son fils, qui régnoit depuis onze ans, aura pour successeur Christiern II, tyran du Danemarck et de la Suède, en 1513, et dépouillé de ces deux royaumes dix ans après, en 1523. Le nord, par l'union des trois couronnes, eût pu devenir une barrière pour Charles-Quint, sans les troubles toujours renaissans qui ne laissoient subsister cet ordre de choses que par intervalles.

La suite pag. 43.

Suite de la RUSSIE.	Suite des ARABES, PERSANS, &c.	OBSERVATIONS.

Suite de la RUSSIE.

☞ Déjà les victoires des Tartares avoient contraint les princes Russes à abandonner Kiow vers le milieu du douzième siècle, et cette ville venoit d'être dévastée par suite de l'invasion de Batukan, en 1236. Ainsi les Tartares, conduits par Gengiskan ou ses généraux, après avoir soumis presque toute l'Asie, pénétrèrent jusqu'en Europe, où ils conquirent en peu de temps la Russie, la Hongrie, la Silésie, &c. Il n'y a jamais rien eu d'égal à la rapidité de leurs conquêtes, qui ne sont arrêtées, en Occident, que par la mort de Gengiskan (*voy.* Hongrie). Les Tartares sembloient rendre désastres pour désastres, et venger l'Asie de l'invasion des croisés. Vers la moitié du treizième siècle, les Russes (toujours soumis aux Tartares) remportent une victoire célèbre sur les chevaliers de Livonie (espoir d'affranchissement futur).

☞ Le grand-duc de Lithuanie enlève, en 1320, aux Tartares, Kiow et la plus grande partie de la Russie méridionale. En 1328, la capitale de la domination des Russes est transférée à Moscou, et cet état se soutiendra encore malgré le grand pouvoir des Tartares.

Novogorod se rendit célèbre et puissante par son alliance avec la ligue Hanséatique.

En 1380, les Russes remportent sur les Tartares la victoire du Tanaïs. Deux ans après, les Tartares, vainqueurs à leur tour et maîtres de Moscou, ne jouissent pas long-temps de leur avantage; ils sont vaincus par Tamerlan, qui, à leur exemple, ravage cette ville. Ainsi les victoires de ce conquérant ont influé plus d'une fois sur le sort de l'Europe (*voy.* Hongrie, empire d'Orient). Nouvelle invasion favorable aux Russes (suites). De même, les divisions des Russes et les invasions des Tartares avoient été favorables aux Lithuaniens (*voy.* Pologne).

En 1389, à la mort de Démétrius, Basile, son fils, fut créé grand-duc par les Tartares, dont les divisions le laissèrent gouverner tranquillement et rétablir ses états pendant un règne de trente-six ans. Sous Basile IV, fils du précédent, les Tartares continuent de se diviser, et leur grand empire de Kaptchack se partage en différens états (favorable aux Russes, dont bientôt les anciens maîtres deviendront les vassaux et les tributaires). C'est ainsi qu'après qu'ils eurent cessé de s'entre-détruire, l'esprit de discorde, pour ainsi dire, passa d'eux à leurs vainqueurs, qui subirent le joug à leur tour. Ce fut le célèbre Iwan III, fils de Basile IV, qui opéra cette grande révolution.

☞ L'an 1478 (quatorze ans avant cette époque), il secoue enfin le joug des Tartares, que les Russes portoient depuis plus de deux siècles; et, peu de temps après, il prend le titre de czar ou d'empereur. L'empire de Constantinople venoit d'être renversé; et il avoit épousé Sophie Paléologue, qui n'avoit cessé de solliciter l'expulsion des Tartares, (enchaînement.)

Suite des ARABES, PERSANS, &c.

☞ Depuis l'arrivée de ces barbares, liée aux croisades, et dont, suivant quelques auteurs, l'irruption eut lieu à l'instigation même des croisés, continuité de ravages depuis 1258 jusqu'en 1335, c'est-à-dire jusqu'à Tamerlan (ce sont moins encore les vexations des Turcs que les ravages des Mongols attirés par des croisés, qui appelèrent Saint Louis en Orient).

☞ Ajoutons que dans cet intervalle continuent les croisades, qui ont duré deux siècles, et nous nous ferons une juste idée de la situation de ces contrées. A cette époque, les premières conquêtes des croisés, facilitées par ces divers déchiremens. Les fils de Gengiskan, qui s'étoient fixés dans ces régions occidentales de l'Asie, furent affoiblis et dépouillés par des kans, qui rappellent nos maires du palais; circonstance qui préparera l'agrandissement de Tamerlan, dont les cruautés feront refluer les peuples jusqu'en Europe.

☞ Pour compléter ce tableau de désastres, il suffit de voir, en 1335, Tamerlan, la terreur de l'univers, fondre sur ces malheureuses contrées à la faveur de ses dissensions. On saisira cet enchaînement qui joint les invasions aux invasions, et offre sur le même théâtre et presque agissant de concert, les Turcs, les Arabes, les croisés et les Mongols. Tamerlan fonde un nouvel empire, qui s'étend de l'Hellespont jusqu'au Gange.

L'intervalle de près de deux siècles écoulés entre l'époque précédente et celle de Charles-Quint, ne présente rien de fixe dans cet empire, et ne peut être considéré que comme offrant un double passage à un état plus stable. Le premier passage est celui par lequel, après un peu plus d'un siècle, cette conquête de Tamerlan est enlevée à son arrière petit-fils, en 1468, par Ussum-Cassan, qui, lui-même, transmet le trône (second passage, intervalle de quarante-six ans) à son petit-fils, tué dans une bataille par Ismaël Sophi.

L'Asie continue d'être un théâtre où des bouleversemens sans nombre varient à chaque instant la scène.

La suite pag. 44.

Suite du MOGOL.	Suite d'ALGER, TUNIS, &c.	OBSERVATIONS.

Suite du MOGOL.

☞ En 1205, soumission de tout l'Indoustan par les empereurs Patans ou Afghans.

☞ Le second empereur des Patans, monté sur le trône en 1210, fut le premier Mahométan qui conquit le Bengale.

☞ Sous son règne, en 1221, conquête de Gengiskan dans les Indes ; il ne troubla point l'Indoustan.

On trouve peu de chose dans la relation de Marc-Paulo qui, au treizième siècle, traversa la presqu'île de l'Inde. C'est aux écrivains Persans que nous sommes redevables de nos connoissances sur cette contrée.

Cependant les provinces à l'ouest de l'Indus n'attiroient point l'attention du Gouvernement. Mal gardées, elles sembloient ouvrir une porte aux barbares ; il eût été plus politique de les abandonner tout-à-fait : c'est parce qu'on négligea cette précaution, que la paix de l'empire fut souvent troublée, et que les Mongols envahirent enfin ces provinces. (Avantages des limites naturelles.)

☞ Les Mongols passent l'Indus en 1292. Pendant ce temps (en 1293), l'empereur des Patans commençoit la conquête du Deccan, presque achevée en 1306.

Ferose III, monté sur le trône au milieu du quatorzième siècle (en 1351), emploie un règne de trente-sept ans à creuser des canaux, perfectionner l'agriculture et la navigation intérieure. A sa mort, des révoltes, la guerre civile, une minorité orageuse, préparèrent l'empire à passer sous une domination étrangère.

Timur, à la tête de ses Mongols, tourne ses armes vers l'Indoustan, en 1398, et remplit toute cette contrée de sang et de carnage ; cependant, ses vastes conquêtes ne passèrent point à ses successeurs : ce ne fut qu'un siècle après (en 1498), que Babour, un de ses descendans, chassé de la Transoxiane, se sauva dans les Indes, où il fonda ensuite, comme nous le dirons bientôt, l'empire qui, de lui, prit le nom de Mogol (corruption de Mongol).

Ainsi les principaux fruits de la victoire restent souvent, non aux vainqueurs, mais aux vaincus. Les Mongols de Gengiskan conserveront la Chine à peine un siècle (quatre-vingt-huit ans); ceux de Tamerlan, dépouillés des Indes, n'y rentreront que parce qu'ils seront chassés du reste de l'Asie ; et les Turcs, ces mêmes Turcs défaits à Ancyre, survivront à leurs vainqueurs, et conserveront en entier, par l'expulsion de Babour, l'héritage de ces anciens califes qui avoient fait trembler l'Asie, l'Europe et l'Afrique. C'est pour ces Turcs encore que les mamelucks mêmes auront vaincu en Égypte.

Cependant la dynastie des Patans, commencée en 1205, finit en 1413. En 1450, nouvelle révolution, nouvelle dynastie.

Suite d'ALGER, TUNIS, &c.

☞ Les forces de l'Europe et de l'Afrique, dit Kock, se rassemblèrent en 1212, sur les confins de la Castille et de l'Andalousie ; et ce fut aux environs d'Ubeda que se donna cette sanglante bataille qui affoiblit tellement les Almohades, qu'elle entraîna le démembrement de leur empire. A l'époque des croisades, pour l'Espagne, qui y étoit étrangère, autre espèce de croisades non moins funestes à l'humanité que celles de l'Orient. (Voy. Portugal, Norwège, &c.)

Les mamelucks, qui commencent en 1254, long-temps maîtres de l'Égypte, s'y maintiendront deux cent soixante-trois ans jusqu'à l'invasion de Sélim (voy. Sélim en 1517), et long-temps même au-delà.

☞ En 1260, ils arrêtent les Mongols au sein de leurs victoires.

Les mamelucks, ces esclaves soldats, dont le nom en effet signifie esclaves, prirent le nom de mamelucks Baharites ou maritimes ; ils furent remplacés, dans la suite, par les mamelucks Borgites. Qui croiroit que la captivité de Louis IX fut en partie l'origine ou du moins l'occasion de l'agrandissement des mamelucks! le mécontentement qu'ils éprouvèrent de sa délivrance, mise, selon eux, à trop bas prix, les porta à la révolte. L'un d'eux prit les rênes du gouvernement; et sous de tels maîtres, les sciences et les arts disparurent en entier de l'Égypte. Ainsi les croisades, qui en ont allumé la première étincelle dans l'Occident, ont peut-être contribué à les éteindre en Orient. (Échange continuel et bizarre de biens et de maux, de lumières et de ténèbres.)

Si l'on veut encore rapprocher de ces faits d'autres grands événemens, et remonter à la première origine de ces esclaves, enlevés de nos jours chez les divers peuples du Caucase, on verra qu'alors c'étoient en grand nombre des prisonniers, que Batukan, petit-fils de Gengiskan, avoit faits en Pologne, en Hongrie, en Russie. Un ramas d'étrangers, des captifs européens, des renégats chrétiens, esclaves et rois sur les bords du Nil !

En 1409, les mamelucks Borgites soutiennent l'effort des Mongols de Timur, comme les premiers avoient résisté aux Mongols de Gengis (rapprochemens.) Ainsi, deux fois les redoutables Mongols, vainqueurs de toute l'Asie, n'ont d'adversaires dignes d'eux que des esclaves. Les Turcs eux-mêmes avoient été vaincus.

☞ Vasco de Gama double le cap de Bonne-Espérance en 1497. (Suites, changemens pour toute l'Europe et l'univers entier.) Les royaumes de Congo et d'Angola sont les plus intéressans à connoître sur la côte occidentale de l'Afrique.

La suite pag. 45.

K

*Suite de l'*EMPIRE D'ALLEMAGNE.	*Suite. de l'*EMPIRE OTTOMAN.	OBSERVATIONS.

Suite de l'EMPIRE D'ALLEMAGNE.

☞ L'an 1500, l'Allemagne divisée en cercles. L'Europe va être agitée. (*Voy.* Italie, France, &c.) Le règne de Maximilien est l'époque où elle va prendre une face nouvelle. Équilibre, intérêts respectifs mieux connus. Diète de Worms. Gouvernement féodal enfin fixé en Allemagne. Le temps (plus de deux siècles, *voy.* Rodolphe) avoit consacré des usurpations par où presque tout commence. A la nécessité de les reconnoître, se joignit le besoin de les régulariser. Suites de la mort de Maximilien.

☞ Il a pour successeur, en 1519, son petit-fils, Charles-Quint, déjà roi d'Espagne, de Naples, &c., le plus puissant monarque depuis Charlemagne. (*Voy.* Espagne, effet des alliances, pour les peuples avantage de la loi salique.) Neveu de Charles-Quint, et digne fils de Ferdinand I.ᵉʳ, Maximilien II porte des vertus sur le trône. Son fils Rodolphe, prince foible, réunit à l'empire les royaumes de Hongrie et de Bohême, dont son frère Mathias (depuis, son successeur) le dépouille. Exemple funeste (suites)! La dernière année du règne de Mathias, commencement de la célèbre guerre de trente ans (de 1618 à 1648); l'année suivante 1619 (un siècle depuis l'avénement de Charles-Quint), commence le règne de Ferdinand II, qui bat Frédéric V, à la bataille de Prague. Aussi infatigable que malheureux, il lutte avec gloire contre les plus grands hommes de son temps, Gustave Adolphe, qui laisse après lui des héros, et Richelieu, qui semble réveiller ses mânes. Ferdinand III, son fils et son successeur, ouvre sans succès des conférences de paix.

☞ Enfin, en 1648, il adhère au célèbre traité de Westphalie. Dix ans après, Léopold, appelé le Fabius de l'Allemagne, commence un règne également long et agité, qu'il termine avec quelque gloire, aidé par ses alliés, contre la France: il étoit occupé ailleurs (*voy.* Hongrie, siége de Vienne). Plus entreprenant que son père, Joseph I.ᵉʳ meurt après six ans de règne; il a pour successeur Charles VI, que les alliés avoient voulu porter au trône d'Espagne. (Impolitique de la coalition, pertes de Charles contre les Turcs, &c.)

☞ En 1742, Charles VII de Bavière, prince foible. En 1745, François de Lorraine, époux de Marie-Thérèse, l'héroïne de son siècle, trois ans avant le traité d'Aix-la-Chapelle. Joseph II emploie les vingt-cinq années de son règne à réparer ses pertes par des réformes précoces, dans le clergé sur-tout (suites). Léopold II, qui ne règne que deux ans, signe, en 1791, l'alliance avec la Prusse contre la France (troubles dans les Pays-Bas, suites), et transmet à François II son trône et ses malheurs, préludes de plus grands désastres.

☞ Enfin ce prince, après une guerre longue et sanglante, et neuf ans de revers balancés par quelques succès, signe, en 1801, le traité de Lunéville avec la France. (Cessions, changemens bien entendus dans l'intérieur de l'empire et dans le militaire. Affaire des indemnités, &c.)

Suite. de l'EMPIRE OTTOMAN.

☞ Au commencement de ce siècle, règne Bajazet II, fils de Mahomet II, et père de Sélim, qui parvient au trône, en 1512, par le meurtre de son père, de ses frères, fait la conquête de l'Égypte, de la Syrie, et a pour successeur, en 1520, Soliman II, son fils. Soliman fixe, même auprès de Charles-Quint, l'attention de l'Europe et de l'Asie, enlève Rhodes aux chevaliers de Jérusalem (depuis transférés à Malte) en 1522, fait le siége de Vienne en 1529, (alliance politique de la France.) Bataille de Lépante en 1571 (*voy.* Venise), sous Sélim II, son fils, à qui succède, par le meurtre de ses frères, Amurat III, père de Mahomet III, qui eut des revers en Hongrie, et mourut en 1603 (même année qu'Élisabeth), remplacé par Achmet I.ᵉʳ : sous ce dernier, traité avec la France. Prince humain, il avoit respecté les jours de Mustapha I.ᵉʳ, son frère, qui lui succéda en 1617. Déposition de Mustapha; troubles intérieurs jusqu'en 1623, où Amurat IV, fils d'Achmet, monte sur le trône et tient le sceptre avec énergie; mais c'est toujours l'énergie de la cruauté.

☞ Les troubles recommencent jusqu'à la mort d'Ibrahim, autre fils d'Achmet, étranglé en 1649 (l'année de l'assassinat de Charles I.ᵉʳ); le trône est occupé par Mahomet IV, qui eut des ministres habiles, prit Candie en 1669, et fit le deuxième siége de Vienne en 1683 : enfin sous Mustapha II, son troisième successeur, la paix de Carlowitz, en 1699 (désavantageuse aux Turcs), finit entre Vienne et Constantinople une guerre longue et sanglante, où les revers et les succès avoient été partagés. La Hongrie en étoit la cause principale (*voy.* Hongrie); et la déposition de Mustapha (en 1703), en fut la suite. Sous Achmet III, son frère, en 1716, grâce aux victoires du prince Eugène, les Turcs ont perdu le dernier comté qu'ils possédoient en Hongrie. Paix de Passarovitz deux ans après. (Perse agitée, suites.)

☞ En 1757, commence à régner Mustapha III, fils d'Achmet, et son troisième successeur; il déclare la guerre à la Russie en 1768, à l'occasion de la Pologne; la Moldavie et la Valachie ne cesseront d'être le théâtre de cette guerre, dont les Russes eurent tout l'avantage jusqu'au traité de partage en 1772. (*Voy.* Pologne.) En 1784, sous Achmet IV, frère et successeur de Mustapha, la Porte dispute à la Russie les limites de ses conquêtes; et l'on voit entre ces deux puissances recommencer une guerre à laquelle l'empereur Joseph II prend part comme allié de la Russie, et la Suède comme alliée de la Porte.

☞ En 1789, monte sur le trône Sélim III, aujourd'hui régnant, qui déclare la guerre à la France en 1797. (*Voy.* Égypte.) Paix au-dehors en 1801, (anarchie, troubles dans l'intérieur, Arabie, Servie, Romélie, Égypte, &c.)

Suite de l'ÉTAT de l'ÉGLISE.	Suite de l'ITALIE.	OBSERVATIONS.

Suite de l'ÉTAT de l'ÉGLISE.

☞ Ainsi que ses successeurs, fameux dans les guerres d'Italie, Jules II, plus guerrier que pontife, et Léon X, digne du sang des Médicis, jouent un rôle mémorable. Grand à plus d'un titre, protecteur des lettres et des arts qu'il idolâtre, Léon n'est pas irréprochable; il prépare, en amollissant les mœurs, la réforme prêchée par Luther. La soif de l'or fut plus funeste que n'avoit été celle du pouvoir (pourquoi!) Sixte V, son dixième successeur, mort à la fin de ce siècle (en 1590), plus ferme et plus austère, fit de grandes choses, et déploya un grand caractère.

Au commencement de ce siècle, règne depuis quelques années Clément VIII, pontife cher aux lettres et au grand Henri; en 1623, Urbain VIII, cher aux muses: mais tout est changé pour les papes; ils se sont vu enlever tout le nord de l'Europe, et la chute de la puissance spirituelle entraîne celle de leur pouvoir temporel. Pressés au nord et au sud par la puissance espagnole, ils sont comme prisonniers dans leur capitale.

☞ A cette époque Innocent X, successeur d'Urbain VIII (élu depuis quatre ans, en 1644), s'efforce de rendre la paix à l'église de France.

L'histoire accorde des talens et des vertus à presque tous ses successeurs, jusqu'à Innocent XII, qui fut un modèle de la charité évangélique, distribua ses biens aux pauvres, et dont la mort, arrivée en 1700, fut un deuil pour Rome et l'église. Depuis cette époque jusqu'à l'élection de Pie VII, il s'est écoulé un siècle entier rempli par huit pontifes, dont Clément XII, le père des pauvres et l'effroi des traitans;

☞ Benoît XIV, pape en 1740, c'est-à-dire huit ans avant cette époque, et qui règne encore dix ans après (le Léon X de son temps); Clément XIV, pontife tolérant et vertueux; enfin Pie VI, digne successeur de Clément, deux-cent-cinquantième pape, mort en France, victime de la révolution.

☞ Sous les auspices des vainqueurs de l'Italie, Pie VII, en 1800, a été élevé sur la chaire de Saint Pierre.

Suite de l'ITALIE.

☞ Guerre d'Italie de 1495 à la captivité de François I.ᵉʳ en 1525 (trente ans et au-delà). Ludovic Sforce, Alexandre VI, Ferdinand, roi d'Espagne, grands machinateurs des troubles d'Italie, tour-à-tour amis, ennemis de la France. Charles VIII n'est que l'instrument de leurs passions. Sous Louis XII, ligue de Cambrai contre Venise. Complication d'alliances, tantôt pour, tantôt contre; difficile à saisir, si elle ne s'expliquoit par la duplicité même de leur caractère. Les royaumes de Naples et de Sicile sont unis pour plus de deux siècles à la couronne d'Espagne (de 1503 à 1713); position difficile des ducs de Savoie, enfermés entre les deux grandes puissances de l'Europe. Les revers de Charles III auroient entraîné la chute de ce petit état, s'il n'eût eu pour successeur l'illustre Emmanuel Philibert, si célèbre dans nos fastes par la victoire de Saint-Quentin, qu'il remporta sur les Français. (Voy. France, Espagne, &c.) En 1528, s'établit à Gênes une nouvelle forme de gouvernement qui a subsisté jusqu'à nos jours; en 1531, la Toscane, érigée en duché héréditaire en faveur des Médicis, perd son indépendance; Parme et Plaisance, en 1545, érigées de même en faveur de Farnèse, neveu du pape Paul III.

En 1571, célèbre victoire de Lépante contre les Turcs, à laquelle les Vénitiens eurent la plus grande part. A Venise, en 1618, horrible conspiration de Bedmar (lire Saint-Réal). Le pape et tous les états d'Italie étoient alors et restèrent long-temps sous l'influence immédiate de l'Espagne (pourquoi!) L'Italie, dit Méhégan, continuellement menacée par les vice-rois de Naples, et les gouverneurs de Milan, n'a point de plus sûre protectrice que la sagesse de Venise.

☞ A cette époque, quelques princes de l'Italie, qui a peu de poids dans la balance politique, protégent les arts, tels que Côme II, Ferdinand II de Médicis, à Florence; Charles Emmanuel II, à Turin, qui règne depuis 1638 jusqu'en 1675. Avénement de Victor Amédée II, vaincu par Catinat, secouru par Eugène, et qui, le premier, eut le titre de roi de Sicile d'abord, en 1713, et ensuite de Sardaigne. Son fils, Charles Emmanuel III, de même en guerre avec la France, a régné jusqu'en 1773.

☞ Jean Gaston de Médicis étant mort sans postérité en 1737, le grand duché de Toscane, par suite du traité de Vienne, passa à François, duc de Lorraine, époux de Marie-Thérèse, et depuis empereur. Ils s'emparèrent du duché de Parme, qui fut restitué, à la paix de 1748, à Philippe de Bourbon (Espagne).

L'Italie, paisible depuis long-temps, étoit loin de craindre les orages qui la menaçoient.

☞ Tout-à-coup, en 1796, elle devient le théâtre de la guerre et de la gloire des Français, est un moment envahie par les Allemands et par les Russes, reprise enfin par les Français; et en 1800, la bataille de Marengo décide du sort de l'Europe, (royaume de Sardaigne détruit, celui d'Étrurie fondé, changemens politiques en tous genres, &c.)

| *Suite de* l'ESPAGNE *et du* PORTUGAL. | *Suite des* ÎLES BRITANNIQUES. | OBSERVATIONS. |

Suite de l'ESPAGNE *et du* PORTUGAL.

☞ Charles-Quint, roi en 1516, empereur en 1519; sa puissance. (*Voy.* François Ier) Ici l'Europe se partage en deux tableaux, le nord d'un côté, de l'autre les guerres d'Italie, auxquelles toutes les autres puissances prennent part, excepté le Portugal. Avantage immense qu'il retire de sa position; il va ouvrir à l'occident une route nouvelle et une source de nouvelles richesses. En 1577, à la mort de Sébastien, tué en Afrique, se termine le siècle glorieux des grands hommes assis sur le trône de Portugal. Ses conquêtes, loin de le soutenir, l'affoiblissent, et sont un objet de plus pour l'avidité de Philippe, qui s'en empare en 1580, (soixante ans d'asservissement jusqu'en 1640.)

Observons que pendant près de deux siècles, de 1479 à 1665, l'Espagne adopte une politique d'hypocrisie, raffinée et insidieuse sous Ferdinand, agrandie et presque anoblie sous Charles-Quint, sombre et défiante sous Philippe II, aveugle et intolérante sous Philippe III et Philippe IV.

En 1610, édit impolitique exécuté contre les Maures, qui achève de dépeupler l'Espagne, déjà épuisée par ses expéditions en Amérique. Enfin,

☞ En 1640, la révolution du Portugal, liée aux guerres de l'Espagne avec la France, l'impunité des Hollandais, la perte de la Catalogne, de l'Artois, les révoltes en Italie, enfin la bataille de Lens (*voy.* France), réduisent l'Espagne à un degré d'abaissement dont elle ne s'est plus relevée. La paix des Pyrénées, en 1659, la retient sur le penchant de sa ruine.

En 1700 meurt Charles II, prince d'une constitution foible, occupé toute sa vie du choix de son successeur. Son trône passe aux Bourbons, dans la personne de Philippe V (guerre de la succession); il signe la quadruple alliance en 1718, abdique après vingt-quatre ans en faveur de Louis, son fils, qui meurt après un an de règne. Philippe reprend les rênes de l'état.

☞ En 1748, troisième année du règne de Ferdinand VI, qui ranime le commerce et la marine, auquel succède, en 1759 (un siècle après le traité des Pyrénées), Charles III, son frère, qui prit part à la guerre de l'Amérique, d'après le pacte de famille de 1761.

La prépondérance de l'Angleterre sur le Portugal date de la guerre de la succession en 1701. Le duc de Bragance, roi sous le nom de Jean IV, étoit mort depuis dix-huit ans. Parmi ses quatre successeurs, jusqu'à Marie-Françoise, aujourd'hui régnante, celui qui se montra le plus recommandable fut Joseph, monté sur le trône en 1750, et secondé par un ministre habile, le marquis de Pombal.

☞ En 1788, Charles IV, encore régnant, monte sur le trône, entre dans la coalition de 1793 contre la France, fait la paix, et, fidèle à ses traités, continue à se lier à son sort dans la guerre qui recommence avec l'Angleterre.

Suite des ÎLES BRITANNIQUES.

☞ A cette époque régnoit depuis sept ans, et devoit encore régner glorieusement dix-sept ans entiers, Henri VII, qui réunissant les droits des deux maisons, éteignit toutes les factions. Si à ces dix-sept ans, nous joignons les trente-huit années du règne ferme mais terrible d'Henri VIII, son fils, avec les quarante-cinq ans du règne célèbre d'Élisabeth, nous aurons un siècle entier d'un gouvernement vigoureux, qui n'aura été interrompu que par la lâcheté d'Édouard VI, et la foiblesse cruelle de Marie, dont les onze ans de règne réunis sont comme intercalés dans ce siècle mémorable. Sous Élisabeth s'éleva, avec une puissante marine, la force réelle de l'Angleterre.

A sa mort, en 1603, après un règne de quarante-cinq ans, suivent encore, jusqu'au traité de Westphalie, quarante-cinq autres années sous Jacques, roi d'Écosse, fils de l'infortunée Marie, et sous Charles Ier (petit-fils de cette princesse), dont la chute et les malheurs sont les mêmes. Jacques semble ne monter sur le trône que pour y être placé entre les deux échafauds de sa mère et de son fils, décapité.....................

☞ en 1649, un an après cette époque.

A la mort de Cromwel, Charles II, fils de Charles Ier, est rappelé, et chancelle sur un trône d'où son frère Jacques II, son successeur en 1685 (deux siècles après l'avénement des Tudors), est précipité en 1688, par sa fille et son gendre, le prince d'Orange, Guillaume III, quarante ans après le traité de Westphalie. Les soixante ans qui restent pour compléter le siècle jusqu'au traité d'Aix-la-Chapelle, sont ainsi remplis : vingt-six années glorieuses pour l'Angleterre, jusqu'à l'avénement de la maison de Brunswick, en 1714, et trente-quatre ans pour le règne de Georges Ier, et en partie celui de Georges II, princes qui, trop attachés à leurs états d'Allemagne (suite), prirent part aux guerres du continent, étrangères à leur trône.

☞ En 1745, bataille de Fontenoi, sous Georges II, qui règne jusqu'en 1760, où Georges III, aujourd'hui régnant, monte sur le trône. Trois ans après, traité de Paris, cession du Canada (en 1763); vingt ans jusqu'à la paix de Versailles, en 1783, remplis par les troubles de la guerre des États-Unis, dont le germe avoit commencé dès l'an 1765.

☞ Suivent quelques années assez calmes jusqu'à la révolution française, (nouvelles guerres.) Paix d'Amiens en 1801, suivie de nouvelles hostilités encore, dont Malte est le prétexte.

Suite de la FRANCE.	*Suite de la* HOLLANDE, PAYS-BAS, &c.	OBSERVATIONS.

Suite de la FRANCE.

Dans ces guerres, Gaston, Bayard, Gonsalve et Bourbon se rendent célèbres : mais comment peindre les événemens avec toute la précision qu'exige la marche que nous avons adoptée! Charles VIII cédant à l'appât d'une couronne à laquelle il a quelques droits; les succès rapides de ce prince, sa fuite plus rapide encore; sous Louis XII, le Milanez trois fois repris et perdu; Gênes révoltée trois fois; François I.ᵉʳ succédant au trône, aux desseins, aux succès d'abord, et ensuite aux revers de ses prédécesseurs, et en éprouvant de plus grands encore : François, dans les fers, a pour alliés ses anciens ennemis, (pourquoi!) Ligue contre Charles, qui est forcé d'accorder la paix. Traité de Cambrai en 1529. Sous Henri II, revers et succès. Élévation des Guises ; traité de Câteau-Cambresis en 1559; mort du roi la même année. Depuis cette époque jusqu'en 1589, où Henri IV monte sur le trône (deux siècles avant la révolution), la France, livrée aux étrangers, à des mains plus artificieuses qu'habiles, sous les trois fils de Henri II, est toute en feu (malheurs horribles, plaies sans nombre que ferme le bon Henri). Les journées d'Arques, d'Ivry, et enfin celle de Fontaine-Française, achèvent d'écraser la ligue. Les finances sont rétablies en dix ans, par les conseils et la sage économie de Sully. Une ligue formidable, à la tête de laquelle est Henri, se prépare contre les descendans de Charles-Quint. Le parricide de Ravaillac sauve la maison d'Autriche. Sous Louis XIII, Richelieu consomme le grand ouvrage projeté par Henri. Le ministre et le roi meurent la même année. Minorité orageuse de Louis XIV.

Traité de Westphalie en 1648 (Mazarin, Condé, Turenne; grands hommes en tout genre). Voltaire observe qu'à cette époque Mazarin étoit en horreur, quoiqu'il consommât le grand ouvrage de la paix (puisque les barricades sont de la même année 1648), et que la ligue faite avec Cromwel donnât enfin à la France une supériorité plus marquée sur l'Espagne. (Marine naissante. Colbert.) En 1686, ligue de l'Europe entière contre la France ; la guerre contre les Turcs en est le prétexte, la succession de l'électeur palatin l'occasion, la puissance de Louis XIV la seule cause.

Mort de Louis XIV en 1715, deux ans après le traité d'Utrecht. Le siècle à jamais célèbre de 1648 à 1748, marqué presque toujours de dix ans en dix ans, par des époques mémorables. La France prend part à la guerre contre Marie-Thérèse. (V. Hongrie.)

En 1748, sous Louis XV, traité d'Aix-la-Chapelle, illusoire pour l'Angleterre et la France. La guerre de 1754, suite des hostilités antérieures. (Voy. Angleterre.) La France est affoiblie au-dedans, et puise, dans la guerre impolitique de l'Amérique, des principes d'insurrection sous Louis XVI.

En 1789, la révolution, commencée par la foiblesse d'un monarque qui eut toutes les vertus d'un particulier, continue par des crimes, et se termine par de grandes actions; maux au-dedans, gloire au-dehors.

En 1800, la France agrandie termine la guerre, donne la paix. (Hostilités postérieures au traité d'Amiens. Voy. Angleterre.)

Bonaparte, consul à la fin de 1799 (décembre), est proclamé empereur des Français en mai 1804.

Suite de la HOLLANDE, PAYS-BAS, &c.

Charles-Quint, né en 1500, héritier des vastes états de Maximilien son aïeul, et du trône d'Espagne par sa mère, ajoute à ses belles provinces des Pays-Bas, les seigneuries d'Utrecht, de Groningue, le duché de Gueldres, &c., et par son élévation à l'empire, semble menacer l'Europe d'une monarchie universelle.

Les Suisses, qui avoient été au service de France, jouent un grand rôle dans les guerres d'Italie. Maîtres des passages, ils se regardèrent un moment (par leur situation) comme les arbitres de l'Europe : ils perdent, en 1515, leur grande influence par la bataille de Marignan, qui dura deux jours consécutifs, suivie d'une paix que sa durée a fait nommer l'éternelle.

Ce que Philippe II gagne d'un côté (voy. Portugal), il le perd de l'autre. L'union des Pays-Bas, formée à Utrecht en 1579, se consolide en 1581, où les Provinces-Unies secouent entièrement le joug de l'Espagne, (tyrannie du duc d'Albe, supplice des comtes de Horn et d'Egmont, tribunal d'inquisition, &c.) Guillaume, et après lui Maurice de Nassau son fils, stathouders, c'est-à-dire, gardiens de l'état, grands politiques et généraux habiles, bien servis par leur épée et par la nouvelle doctrine, (mort de Barneveldt.)

Dès l'an 1595, les confédérés, qui ont porté leur navigation jusqu'aux Indes, se rendent formidables sur mer; ils enleveront bientôt à l'Espagne une partie de ses propres colonies, et presque toutes celles du Portugal, qui avoit subi le joug.

En 1648, l'indépendance des Suisses est reconnue au traité de Westphalie par les états de l'empire, et celle des Hollandais par l'Espagne. La Hollande, qui, dans ses guerres avec l'Angleterre, sous le protectorat de Cromwel et le règne de Charles II, a déployé toutes ses forces maritimes, continue de se placer au premier rang parmi les puissances de l'Europe. Cependant la charge de stathouder, supprimée en 1650 par l'infortuné de Witt, est rétablie, en 1672, en faveur de Guillaume III, depuis roi d'Angleterre, par suite de l'ombrage qu'inspiroit Louis XIV.

Après la mort de Guillaume, arrivée en 1702, le stathoudérat aboli ; mais cette dignité, conservée dans une partie de la Hollande, ne tarda pas à être rétablie dans la totalité de ses provinces.

La France ayant déclaré la guerre à cette république, en 1747, le stathoudérat est reconnu héréditaire dans la famille de Guillaume IV.

La guerre de 1778 entre la France et l'Angleterre renouvela les troubles de la Hollande sous le gouvernement de Guillaume V; et la paix signée en 1783, ne rendit point à ces contrées leur tranquillité intérieure (le roi de Prusse en 1787).

La tranquillité de la Suisse, qui, depuis long-temps, voyoit de loin les orages, n'avoit point encore été troublée, lorsque la Hollande se vit de nouveau le théâtre de la guerre, par suite de la révolution française. En 1794, les Français entrent dans Amsterdam ; l'ancien gouvernement est renversé dans cette contrée, qui prit ou reçut le nom de république Batave, et qui se trouve liée aujourd'hui aux destins de la France dans la guerre avec l'Angleterre. Par suite de la même révolution, la Suisse également agitée, &c.

Suite des ÉTATS D'ALLEMAGNE.	*Suite de la* HONGRIE *et* BOHÊME.	OBSERVATIONS.

Suite des ÉTATS D'ALLEMAGNE.

☞ L'an 1512, la distribution de l'Empire en dix cercles contribua puissamment à la paix intérieure (détails).

☞ Il faut placer en 1517, deux ans avant l'élection de Charles-Quint, l'origine de la réforme, et l'envisager ainsi chronologiquement : un siècle avant Luther, Jean Huss, en 1400 ; un siècle après Luther, guerre de trente ans (suites).

En 1529, Soliman fit le siége de Vienne, vaillamment défendue par Frédéric, comte Palatin. En 1547, l'électeur de Saxe, Jean Frédéric II, prisonnier de Charles-Quint, chef de la branche aînée (Ernestine), est forcé de céder à Maurice, chef de la branche cadette (Albertine), la dignité électorale, et presque tous ses états : différence dont les suites se font sentir encore aujourd'hui ; troubles religieux jusqu'à l'électeur Frédéric Auguste I.ᵉʳ, roi de Pologne (*voy.* Pologne). Au dix-septième siècle, il existe également une division pernicieuse dans la maison de Hesse, dont le héros est Guillaume de Cassel, petit-fils de Philippe-le-Magnanime.

☞ Nous voyons encore, vers la même époque (guerre de trente ans, de 1618 à 1648), une égale animosité dans la maison de Bavière, entre l'électeur Palatin, Frédéric V, élu roi de Bohême, dépouillé de son électorat, et Maximilien de Bavière, substitué à tous ses droits.

☞ Charles Louis, fils de Frédéric V, est rétabli par le traité de Westphalie (huitième électorat). En Bavière, Maximilien II, dans les guerres de la succession, prit parti pour la France, qui porta son fils Charles VII sur le trône impérial.

En 1688, guerre désastreuse du Palatinat.

En 1708, la maison de Brunswick-Lunébourg (*voy.* Angleterre) fut mise à son tour en possession de la dignité électorale.

Le Palatinat, qui, en 1685, avoit passé à la branche de Neubourg, passe, en 1742, à celle de Sultzbach.

☞ En 1744, diversion du roi de Prusse favorable à Charles VII (*voy.* Prusse). En 1771, Charles-Frédéric de Bade-Durlach, aujourd'hui régnant, réunit, par succession, tous les états de sa famille. En 1777, guerre relative à la succession du dernier électeur de Bavière. Charles Théodore réunit la Bavière au Palatinat.

Par les derniers changemens, suite de la révolution française, des anciens électorats, 1.º restent ceux de Bohême, Brandebourg, Saxe, Bavière ; 2.º l'électeur de Ratisbonne remplace celui de Mayence, comme archi-chancelier de l'empire ;

☞ 3.º Trèves, Cologne, et partie du Palatinat ayant été réunis à la France, quatre nouveaux électeurs ont été créés ; savoir, Hesse-Cassel, Bade, Würtemberg, et enfin Salzbourg, en indemnité du grand duché de Toscane.

Suite de la HONGRIE *et* BOHÊME.

☞ La Hongrie écrasée avoit senti la nécessité de remettre les rênes du gouvernement en des mains vigoureuses, et de nommer régent le célèbre Jean de Hunniade, dont le fils Mathias, son rival en gloire, devenu roi, meurt en 1490 (origine de guerres longues et sanglantes avec la maison d'Autriche).

☞ En Bohême, à l'imprudent Ladislas, fils d'Albert d'Autriche, ont succédé trois rois, l'ambitieux Georges Podiébrard, Ladislas, déjà roi de Pologne et depuis de Hongrie, enfin Louis, également roi de Hongrie et de Bohême, jusqu'à Ferdinand, en 1526. Jusqu'ici, aucun des rois que nous venons de nommer, n'avoit attenté à la constitution de la Bohême ; mais le frère de Charles-Quint (Ferdinand), déjà archiduc d'Autriche, et depuis empereur, saisit la première occasion qui se présenta pour traiter les Bohémiens en rebelles, les déclarer déchus de leurs droits, et réunir de sa propre autorité la Bohême, comme un royaume héréditaire, aux autres possessions de l'Autriche ; événement qui eut lieu en 1547. C'est là le premier germe de tous les troubles du seizième et même du dix-septième siècle, nés en Bohême, et dans lesquels cet état a joué un si grand rôle.

Depuis Ferdinand, tous les empereurs de la maison d'Autriche, rois de Bohême, jusqu'à nos jours, (l'électeur Frédéric lors de la guerre de trente ans, non compté.) Cependant l'année même de l'avénement de Ferdinand, Jean Zapolski, Vaivode de Transilvanie, parvient au trône de Hongrie par les secours de la Porte. Politique de cette cour, qui, pendant plus d'un siècle, ne cesse de susciter à l'Autriche des ennemis en Hongrie.

☞ Tous ses rois empereurs jusqu'à Ferdinand IV (en 1647).

☞ Le traité de Westphalie garantit à l'Autriche l'hérédité de la Bohême. Léopold, qui commence à régner en 1655, fit également déclarer la couronne de Hongrie héréditaire dans sa maison.

Les Turcs avoient été tout-puissans en Hongrie jusqu'en 1683 (époque du siége de Vienne) ; depuis ce temps ils se sont vu enlever successivement toutes leurs conquêtes ; et par le traité de Carlowitz il ne leur resta qu'un seul comté, qu'ils ont perdu en 1716.

En 1722, l'hérédité perpétuelle de la couronne de Hongrie dans la maison d'Autriche est assurée même aux femmes (suites).

☞ C'est en vertu de cet acte que la célèbre Marie-Thérèse monte sur ce trône en 1741 ; presque toute l'Europe, et la France elle-même, liguées contre cette héroïne. (*Voy.* Prusse, Empire, &c. Sur François, époux de Marie-Thérèse, *idem.*) En 1764, cette princesse publie, en faveur des paysans, un édit sous le nom d'*Urbarium*, époque mémorable pour la nation Hongroise.

Joseph II supprime la servitude de la glèbe en Bohême et en Hongrie ; à ce sujet, mécontentement des magnats, lié à la guerre contre les Turcs, en 1787.

☞ En 1790, l'année même de sa mort, les Hongrois sont rendus en partie à leurs anciens usages, et continuent, ainsi que la Bohême, de rester sous la domination Autrichienne.

Suite de la POLOGNE et PRUSSE.	Suite de SUÈDE et DANEMARCK.	OBSERVATIONS.

Suite de la POLOGNE et PRUSSE.

☞ Jean lui-même est remplacé, en 1501, par son frère Alexandre, et Alexandre, en 1506, par Sigismond, son autre frère. C'est à Sigismond II, fils de ce dernier, que succédera Henri de Valois.

☞ En 1525, l'ordre Teutonique perd la Prusse par le changement de religion de son grand-maître, Albert de Brandebourg. Ainsi l'histoire de cet ordre tient aux deux grandes époques de l'histoire moderne, les croisades et la réforme.

L'histoire de Pologne est une de celles qui nous fournissent de siècle en siècle le plus de bases chronologiques faciles à retenir. Nous remarquerons, 1.º que ce fut en 1548 (un siècle avant le traité de Westphalie et l'avénement de Jean Casimir) que monta sur le trône Sigismond Auguste, qui réunit entièrement la Lithuanie à la Pologne, et en qui finit la race des Jagellons, l'an 1572 (deux siècles avant le démembrement); 2.º après un interrègne de deux ans, les Polonais élurent pour roi Henri de Valois (depuis roi de France) en 1574 (un siècle avant le célèbre Jean Sobieski); guerre à ce sujet. Ce siècle sera rempli par Étienne Battori, qui réussit le premier à discipliner les Cosaques, par le turbulent Sigismond, roi de Suède, Uladislas VII, plus digne du trône que son père, Jean Casimir, &c.

En 1618, Jean Sigismond, électeur de Brandebourg, aïeul de Frédéric Guillaume, succède au droit d'Albert Frédéric, duc de Prusse, par son mariage avec Anne, fille de ce prince. (Source de l'agrandissement des électeurs de Brandebourg.)

☞ En 1640, règne son petit-fils, Frédéric Guillaume, appelé le grand électeur, qui augmente ses états de l'archevêché de Magdebourg, de la Poméranie ultérieure, &c.

☞ En 1648, monte sur le trône Jean Casimir, protecteur des lettres, d'abord Jésuite et cardinal. Après Michel, son successeur, commence à régner l'immortel Jean Sobieski, le héros de l'Europe dans un siècle si fameux en grands hommes, et le sauveur de l'Empire. (Siége de Vienne; décadence des Turcs, *voy.* Empire.) A sa mort, en 1697, divisions. Le prince de Conti, concurrent de Frédéric Auguste II, électeur de Saxe. Ennemi de Charles XII, qui déjà avoit donné la couronne de Pologne à Stanislas Leczinski, Frédéric Auguste ne doit son salut et son retour au trône, qu'aux revers de son rival, à la bataille de Pultava.

En 1701, Frédéric Ier, duc de Prusse et électeur de Brandebourg depuis douze ans, se couronne lui-même roi de Prusse, titre qu'il crut devoir soutenir par une magnificence déplacée, et que soutint plus dignement par des trésors immenses et les armées les mieux disciplinées de l'Europe, Frédéric Guillaume son fils, qui lui succéda en 1713; c'est le père du grand Frédéric II, qui monte sur le trône en 1740, achève la conquête de la Silésie en 1742.

☞ Le grand Frédéric tient la balance en Allemagne. Dans la guerre de sept ans, de 1756 à 1763, il lutte avec avantage contre toute l'Europe, et achève sa glorieuse carrière en 1786.

☞ Sous son successeur, coalition contre la France jusqu'à la paix de Bâle en 1796. L'année suivante, avénement de Frédéric Guillaume III.

☞ Dernier partage de la Pologne en 1793 et 1795.

Suite de SUÈDE et DANEMARCK.

☞ Pendant les trente-un ans écoulés depuis 1492 jusqu'en 1523, la Suède, tour-à-tour sous le joug danois, sous un roi, sous un administrateur, est en proie à toutes les espèces de déchiremens. Léon X favorise les Danois. C'est alors que paroît Gustave Vasa, qui brise le joug de sa patrie, et la Suède respire pour la première fois. Sous lui, la couronne élective jusqu'alors devient héréditaire. Les troubles de la Dalécarlie, commencés sous Éric, continuent presque sans interruption jusqu'à Gustave (près d'un siècle).

☞ La même année 1523, Frédéric, successeur de Christiern II (beau-frère et créature de Charles-Quint), épouse d'autres intérêts et favorise la réforme. Son règne, celui de Christiern III, qui abolit le catholicisme, de Frédéric II, qui protège le commerce, remplissent un espace de soixante-cinq ans assez paisibles.

Cependant la prééminence qu'un seul homme (Gustave Vasa) avoit donnée à la Suède, malgré les règnes agités d'Éric et Jean ses fils, se maintint encore, par la force des choses, un demi-siècle après lui (de 1560 à 1611), où Gustave Adolphe donne une nouvelle consistance à l'édifice qu'il avoit commencé. Le parti protestant sembloit anéanti en Allemagne, lorsque ce prince vint changer la fortune, (suite de la guerre de trente ans où il triomphe encore après sa mort.)

☞ En Danemarck, le long règne de Christiern IV (soixante ans jusqu'en 1648), lié également à la guerre de trente ans, est presque toujours agité et malheureux. Quoique Gustave n'existât plus, son génie subsistoit encore: l'avantage des Suédois sur leurs voisins continuera pendant tout le dix-septième siècle, sous Christine, qui laisse le sceptre pour vivre au sein des beaux-arts, sous Charles X, Charles XI, et sur-tout Charles XII, qui eût pu devenir l'arbitre du nord, épuisa sa patrie par ses victoires même, et mourut en 1718. Cet événement termine les grandes guerres du nord (*voy.* Russie). Le Danemarck jouit d'un sort moins brillant en apparence, mais bien plus tranquille. La fermeté que montre Frédéric III, prépare l'étonnante révolution de 1660 (à développer). A Christiern V son fils, succède, en 1699, Frédéric IV, qui achève de rétablir l'ordre. En 1730, Christiern VI, protecteur des arts et du commerce, sous qui la compagnie danoise des Indes.

☞ En 1748, Frédéric V, qui marche sur les traces de ses prédécesseurs, et sera remplacé, en 1766, par Christiern VII, aujourd'hui régnant.

☞ En Suède, la même année 1748, Frédéric, mari d'Ulrique Éléonore, devoit encore régner trois ans, et la Suède continuoit de s'affoiblir sous les armes des Russes : mais, en 1771, monte sur le trône Gustave III, qui rétablit l'ordre, conduit la guerre contre la Russie avec une activité prodigieuse (de 1787 à 1790), consolide en Suède le pouvoir royal quand il se perd en France en 1789, et meurt assassiné en 1792.

☞ Il a pour successeur, la même année, son fils Gustave Adolphe, aujourd'hui régnant.

Suite de la RUSSIE.	_Suite de la_ PERSE.	OBSERVATIONS.

Suite de la RUSSIE.

☛ Son successeur reperdit une partie de ses conquêtes; mais il prit Smolensko sur les Polonais, et nous avons déjà parlé des conquêtes d'Iwan IV. Selon quelques auteurs, ce fut lui qui, en 1547, prit pour la première fois le titre de czar, que ses successeurs ont continué de porter; mais il paroît qu'Iwan III l'avoit pris avant lui. Nous observerons, sur les conquêtes des Russes dans ce siècle, que la grande influence de Charles-Quint sur le sort de presque toute l'Europe, leur fut étrangère, et peut-être même favorable par la part que prirent les Turcs aux hostilités de ce temps (suites des troubles de Hongrie, et de l'alliance de Soliman avec la France). Le seul ordre Teutonique, en Livonie, opposa une résistance efficace à la puissance des Russes du côté de l'occident.

En 1598, s'éteint la race de Rurik, qui gouvernoit depuis plus de sept siècles; et ce fut après quinze ans de dissensions intérieures que ce trône commença à être occupé, en 1613, par la maison de Romanow, qui a donné à ce vaste empire, Michel, Alexis, Pierre-le-Grand, &c., et qui a cessé, en 1762, dans la personne d'Élisabeth, fille de ce prince. Michel rétablit les affaires qui étoient tombées dans l'état le plus déplorable; Alexis, son fils, remporte de grands avantages sur les Polonais et sur les Suédois, qui sembloient alors avoir enchaîné la victoire à leurs drapeaux.

☛ Sous son règne, de 1645 à 1676, la Russie prit, en quelque sorte, une forme nouvelle: on peut même dire que ce prince commença l'ouvrage de Pierre-le-Grand son fils. Les circonstances préparent, le génie achève. La guerre de trente ans peut de même avoir servi la Russie, et Gustave Adolphe a ouvert la carrière à Pierre-le-Grand.

Féodore, prince foible, frère aîné de Pierre, ne règne que six ans; et en 1682, Iwan est porté sur le trône conjointement avec Pierre, âgé seulement de dix ans; il ne commence réellement à régner qu'en 1696, et se signale déjà par la prise d'Asof et l'établissement de la marine russe. Trois ans après, en 1699, paix de Carlowitz. L'année suivante, commencement des hostilités avec Charles XII, connues sous le nom de grandes guerres du nord. En 1709, bataille de Pultawa, époque pour les Russes. Suivent seize ans de gloire jusqu'à la mort de Pierre-le-Grand; et depuis sa mort, seize ans de révolutions sous quatre règnes, jusqu'à l'avénement d'Élisabeth.

☛ En 1741, cette princesse commence à régner, et règnera encore avec gloire quatorze ans après le traité d'Aix-la-Chapelle (victoires sur la Prusse). En 1762, la mort d'Élisabeth laissant dans son successeur un ami de la Prusse, donne une nouvelle face aux affaires.

En 1772, partage de la Pologne (_voy._ plus haut). En 1782, la Russie, toujours étrangère aux débats de l'Angleterre et de la France, s'agrandit du côté de l'orient sous le règne glorieux de Catherine II, morte à la fin de 1796.

☛ Sous Paul Ier, campagnes de Suwarow, réunion des états de Géorgie en 1801; mort de ce prince la même année.

☛ En 1801, avénement d'Alexandre Ier son fils. L'instruction répandue dans toutes les parties de l'empire.

Suite de la PERSE.

☛ Au milieu de ces dissensions, un Perse, Ismaël, descendu d'une fille d'Ussum-Cassan, trouva le moyen de se faire un parti considérable. L'Arménie et la Mésopotamie furent rapidement soumises. En 1500, toute la Perse reconnut la loi du vainqueur. En 1501, par la prise de Tauris, sa puissance fut confirmée; et il recommença, sous le nom d'Ismaël Sophi, une nouvelle monarchie de la Perse qui subsiste encore aujourd'hui.

C'est depuis ce conquérant, que les rois de Perse ont porté le titre de Sophi, et qu'on date leur empire possédé par ses descendans (au nombre de quatorze) jusqu'à Thamas-Koulikan (plus de deux siècles).

En 1586, Schah-Abas règne jusqu'en 1628, et rétablit momentanément la tranquillité de la Perse, envahie par les Turcs et par les Tartares. Aux guerres extérieures succédèrent les dissensions intestines. (_Voy._ ci-après.) Le règne de ce prince, sixième successeur d'Ismaël, et surnommé le Grand, fut le plus glorieux parmi tous les règnes des princes de sa race; il fit d'Ispahan la capitale de ses états. Sous lui, siége d'Ormus, célèbre par la part qu'y prirent les Anglais, ennemis des Portugais.

☛ Sous le règne de Schah Sophi II, son petit-fils et son successeur, qui occupa le trône jusqu'en 1642, siége célèbre de Bagdad, en 1638, par les Turcs, qui l'enlèvent aux Persans, et l'ont toujours conservé depuis. Décadence sensible; suite de règnes nombreux et courts (l'une, conséquence de l'autre). Les descendans d'Ismaël, indignes de lui succéder, ne présentent que fureur et mollesse dans le gouvernement; tyrannie au-dedans et foiblesse au-dehors; persécutions, guerres intestines, &c.

Aussi, un peu moins d'un siècle après la perte de Bagdad, furent-ils dépossédés par un aventurier célèbre, qui monta sur le trône des Sophi, qu'il feignit long-temps de défendre; c'est le fameux Thamas-Koulikan: les Tartares, les Turcs et les Mogols éprouvèrent sa valeur, et furent battus toutes les fois qu'ils osèrent prendre les armes contre lui. (_Voy._ Mogols.)

☛ Il est assassiné, en 1748, par un de ses plus proches parens. Depuis cette époque, c'est-à-dire pendant plus d'un demi-siècle, la Perse n'a cessé d'être agitée. La partie occidentale, la seule que ses souverains aient conservée, n'a joui d'une ombre de tranquillité que pendant vingt ans environ, sous le règne de Kerimkan (de 1758 à 1779). Dans la partie orientale est renfermé l'empire des Afghans ou peuples des montagnes qui sont entre l'Indoustan et la Perse. (Limites naturelles.)

☛ Agh-Mahommed, assassiné en 1796, a encore laissé la Perse en proie à de nouveaux troubles.

Suite du MOGOL.	*Suite d'*ALGER, TUNIS, &c.	OBSERVATIONS.

Suite du MOGOL.

☞ En 1501, le second empereur de la dynastie de Lodi fixe sa résidence à Agra. C'est sous son règne que les Portugais arrivèrent dans les Indes.

☞ C'est en 1525 que le célèbre Babour, fondateur de l'empire du Mogol, et descendant à-la-fois de Tamerlan et de Gengiskan, mit fin à la dynastie de Lodi dans les Indes ; il paroît qu'il y avoit déjà fait quatre expéditions antérieures à celle de 1525. Il eut pour successeurs, 1.° Homaioun, prince d'un rare mérite, dont le nom signifie le fortuné ; 2.° Acbar, qui signifie le grand, nom qu'il justifia pendant un règne glorieux d'un demi-siècle, de 1555 à 1605. Alors commence à régner Gehanghir (père du monde), à qui succéda son fils Shah-Gehan (roi du monde), qui transféra le siége de l'empire, d'Agra à Delhi ; c'est le père du célèbre Aureng-Zeb. En 1658, les guerres civiles commencèrent entre l'empereur et ses fils, et entre ses enfans eux-mêmes · elles se terminèrent par l'élevation d'Aureng-Zeb, qui déposa son père, et massacra ou exila ses frères. C'est l'époque du plus haut point de gloire pour cet empire, et d'une grandeur qui ne sera plus que décroître : un sceptre aussi pesant ne pouvoit être soutenu que par la main d'Aureng-Zeb.

☞ Son avénement au trône date de l'année 1659. Ce prince, politique habile, mais cruel, est regardé comme le législateur de ce vaste empire, qu'il étendit encore par ses conquêtes ; il a vécu jusque dans le dix-huitième siècle (1707). Quatre de ses fils se disputèrent le trône ; nous voyons, dans un intervalle de cinquante ans après sa mort, une succession de princes foibles et trahis par leurs ministres anéantir cet étonnant empire. Jusqu'en 1718, dans un intervalle de onze ans, depuis la mort d'Aureng-Zeb, cinq princes de sa famille, et six autres compétiteurs, étoient montés sur le trône, et en avoient été renversés. (Élévation des Marattes dans cet intervalle.) Invasion de Thamas-Koulikan, en partie maître de l'empire en 1739. Décadence entière, déchiremens, sorte de régime féodal. (Birmans au-delà du Gange.)

☞ Le comptoir des Anglais ayant été détruit en 1744, il s'éleva une guerre civile entre les Birmans et les peuples de Pégu, aidés de quelques Européens. Quelques années après, parut le célèbre Alompra, regardé comme le fondateur des Birmans.

☞ En 1749, 1.° défaite de la dernière armée qu'on puisse nommer impériale ; 2.° première expédition où les Anglais s'engagent contre un prince Indien ; 3.° Pondicheri aux Français, qui le perdent en 1761. En 1757, bataille de Plassey, base de la puissance anglaise dans le Bengale et l'Indoustan ; cependant en 1767, guerre difficile à soutenir contre Ayder-Ali, souverain de Mysore, formé dans l'art de la guerre à l'école des Français (enchaînement), et père de Tippoo-Saïb forcé, par suite de la révolution française, de succomber sous le nombre des ennemis et le génie des Anglais ;

☞ Il est mort en 1799, les armes à la main.

*Suite d'*ALGER, TUNIS, &c.

☞ En 1500, révolution à Maroc ; commencement des shérifs, devenus les plus puissans princes d'Afrique. (Réunion de Fez.)

☞ Ce n'est qu'en 1514, époque où Barberousse s'empare d'Alger, que les Turcs commencent à dominer sur la côte d'Afrique. Les chevaliers de Malte, un moment réfugiés à Tripoli, par leur proximité, comprirent la piraterie de ses habitans.

☞ En 1517, les mamelucks succombent à leur tour à la journée d'Alep, sous les Turcs, conduits par Sélim, que cette victoire rend maître de l'Égypte et de la Syrie, (position différente.) Les Turcs, alors si supérieurs aux mamelucks, s'étoient prodigieusement agrandis et fortifiés ; ce fut le contraire depuis. Sélim n'avoit exigé qu'un tribut, dont les mamelucks s'affranchirent après sa mort.

Alger, Tunis et Tripoli, étoient originairement des républiques soumises à l'aristocratie de leurs milices, si l'on peut nommer ainsi l'association d'un ramas de pirates et de brigands, ennemis et rebut de toutes les nations. Cette forme de gouvernement ne s'est maintenue qu'à Alger, (où les Français ont un consul depuis 1561.)

☞ Ces corsaires ont souvent été châtiés par la France. Sous Louis XIV, Alger fut bombardé par une escadre française en 1682 ; Tripoli le fut en 1686, &c.

☞ L'Égypte, depuis Sélim jusqu'à l'invasion des Français, a presque constamment été gouvernée par vingt-quatre beys pris dans la classe des mamelucks, qui ont le pouvoir de chasser et de déposséder le pacha.

On conçoit que cette contrée, déchirée par cette puissance militaire et par l'autorité civile des Turcs, a dû être extrêmement malheureuse.

☞ En 1757, la milice d'Alger se rend maîtresse de Tunis, dont elle change le gouvernement.

En 1783, la rivière du Sénégal et ses dépendances sont livrées au pouvoir des Français ; et l'établissement anglais de Sierra-Leone date de 1787.

☞ En 1798, les Français, maîtres de l'Égypte jusqu'en 1801, prennent possession d'Alexandrie, de Rosette, du grand Caire. (Combat naval d'Aboukir ; défaite des Turcs dans les plaines d'Aboukir, l'année suivante 1799 ; canaux rétablis, nouvelles découvertes en géographie, dans les arts, *voy.* Denon.) « Dans les ruines de Tyntira, dit-il, les Égyptiens me parurent des géans. » (Détails, &c.)

M

Événemens contemporains d'Occident	SIÈCLES DÉSIGNÉS par LES PRINCIPAUX ÉVÉNEMENS	Événemens contemporains d'Orient
Conquête de Ctésiphon. Ligue des Germains. Digue de Sé[...] Fondation des Bretons. Guerres civiles [...] Mort de Dioclétien [...] aphis[...]	**1.ᵉʳ — PRISE DE JÉRUSALEM.** Les richesses de son temple ont passé à Rome dans celui de la Paix, et la destruction de la ville a commencé l'éternel malheur de ses habitants, dispersés sur toute la surface du globe : ils semblent être à-la-fois par-tout, et ne pouvoir se fixer nulle part. Le christianisme, renfermé encore, pour ainsi dire, dans les murs de Jérusalem et d'Antioche, a reflué dans l'Égypte, dans tout l'Occident et l'univers entier.	*Prédication de J.-C. L'œil d'Archélaüs à Vienne en Dauphiné. Première persécution. Guerre des Parthes.*
[...] Thu[...] entre[...] cinq[...] Gour[...] des Quatre Maures[...]	**2. — BONHEUR GÉNÉRAL DE L'EMPIRE.** Époque unique dans l'histoire. Pendant quatre-vingts et quelques années les Romains furent heureux par la sagesse des grands princes qui les gouvernèrent. Alors toutes les vertus semblaient s'appeler au trône pour s'y succéder, ou plutôt pour y régner sans interruption. — Quel spectacle magique (dit Gibbon), que c'est l'heureux et [...] dans la nature humaine a [...] depuis le mort de Domitien jusqu'à l'avénement de Commode ! »	*Expédition de Trajan en Orient. Révolte des Juifs de Cyrène. Jérusalem rebâtie par Hadrien. Bataille d'Iéna[...]*
Guerres pour le choix des empereurs. Formes locales par [...] Antonins. Les trente princes. Prodiges faits plus par les signes dans les Gaules. Ère de Dioclétien.	**3. — LICENCE DE LA GARDE PRÉTORIENNE ET DES ARMÉES.** Cette licence n'était fut que trop préparée aux beaux jours des Antonins. L'établissement de la garde prétorienne remonte à Auguste; et Commode, occupé à corrompre les troupes, avait préparé ce qu'acheva Sévère. Celui-ci en causé [...] le corps des prétoriens, composé au plus de dix à douze mille hommes, que pour le porter tout-à-coup à plus de cinquante mille : dès-lors le désordre fut à son comble.	*Démarcation de l'empire des Parthes. L'ancien principauté de Sapor. (Suites.) Époque brillante de Palmyre. Temple de Diane en Éphèse, pillé par les Goths.*
Concile de Nicée. Bataille d'Andrinople. Siège empereur de Constance à Sirmium. Partie lointaine de Justin. Concile de Constantinople. (4ᵉ général.) Listes chalcédoines de Théodose. (Suites.) Alaric, barefus[...] contre un Italie.	**4. — ARIANISME, SOURCE DES QUERELLES RELIGIEUSES.** Les disputes minaient des disputes, et une erreur en amène une autre, sur-tout en matière de religion. Ici le christianisme se divise en deux branches : en Occident, la foi de Nicée; en Orient, l'arianisme, qui rejette le mot consubstantiel, [...] J.-C. deux personnes. La condamnation de cette hérésie ne produit [...] la troisième, celle d'Eutychès, qui confond la nature et le fils l'incarnation [...] Les deux natures. De là encore la secte des Iconoclastes, sans parler de tant d'autres, après plus de cinq siècles, le schisme de Photius. (À développer.)	

Événemens contemporains d'Occident	Suite des SIÈCLES DES PRINCIPAUX ÉVÉNEMENS, &c.	Événemens contemporains d'Orient
Origine des langues modernes. Wisigoths souverains en Espagne. Code Théodosien. Rome prise par Genséric. Les Romains chez Aëtius et Attila. Les Saxons établis.	**5. — INVASIONS ET MONARCHIES NOUVELLES.** Commerce, lois, sciences, monuments, langage, tout va disparaître pour faire place à un ordre de choses, à des mœurs, à des usages tout-à-fait différents. C'est sous le rapport de ce passage rapide, de la civilisation à la barbarie, que l'histoire de ce siècle, tracée par une main habile, serait intéressante à étudier. L'empire romain, formé d'une foule d'anciens états, va reproduire un plus grand nombre encore. Les partages multiplient les souverainetés à l'infini, épuisent les sinécures.	*Concile d'Éphèse. (1ᵉʳ général.) Bibliothèque de Constantinople consumée par un incendie. Concile de Calcédoine. (4ᵉ général.)*
Les Goules, du nom de Grande Bretagne. Bréviaire de Rome. Règle de saint Benoît. Cycle de Denis-le-Petit.	**6. — CODE DE JUSTINIEN; CONQUÊTES DE SES GÉNÉRAUX.** Pour celui qui médite l'histoire des lois, c'est une grande époque que celle où furent recueillis ces fameux débris, qui, amassés pendant des siècles, sont parvenus jusqu'à nous, et ont servi de base au code de presque tous les peuples. Les armes de Bélisaire rendent, pour un moment, l'Italie et l'Afrique à Justinien; ses intelligences dans l'Espagne et dans les Gaules pouvaient peut-être qu'il s'avoit par France dans son cœur à l'espoir d'en recouvrer une partie.	*Talmud de Babylone. Alexandrins à Constantinople. Concile de Constantinople. (5ᵉ général.)*
Punition de Rome consumée église. (Origine de la fête de la Toussaint.) Invasion de l'Afrique suivant. Le nombre des villes prises, des temples détruits... Depuis à Venise.	**7. — GRANDEUR DES CALIFES, ET POUVOIR DES MAIRES DU PALAIS.** La grandeur des Arabes n'est cependant pas ce qu'il y a ici de plus remarquable. L'empire des califes, fondé que sur la force des armes, elle prendra un autre caractère dans le siècle suivant. Le nombre des villes prises, des temples détruits, des mosquées bâties, des cités conquis par-tout le dix et onze ans du règne d'Omar, en prodigieux. Les conquêtes continueront sous le même rapidité sous Moavie, qui porta ses armes jusqu'aux remparts de Constantinople.	*Hégire ou fuite de Mahomet. Guerres de Mahomet avec les Grecs, dorab. Troisième concile de Constantinople. (6ᵉ général.)*
Bataille de Tours. Bataille de Poitiers, où périt Abderam. Passion de saint Pierre. Universel de Polin[...]	**8. — EXPULSION DES MAURES PAR CHARLES MARTEL.** Charles-veux la France en l'empire. (Voy. Personnages.) Les Maures repoussés au-delà des Pyrénées restèrent dans leurs limites naturelles. Cependant, Mantile, sous la domination musulmane, les arts deviennent en Espagne comme à Bagdad. Cordoue était un séjour de délices. Les plaisirs recherchés, la magnificence, la galanterie régnaient à la cour des rois Maures : le luxe les corrompit. (Suites.)	*Siège de Constantinople par les Sarrasins. Second concile de Nicée. (7ᵉ général.)*

Événemens contemporains d'Occident	Suite des SIÈCLES DES PRINCIPAUX ÉVÉNEMENS, &c.	Événemens contemporains d'Orient
Savans nommés. Cour Védasique. Fin de l'heptarchie en Angleterre. Paix de Verdun. Partage de la monarchie des Francs. Origine du royaume de Navarre. Fondation des royaumes de Bourgogne Cisjurane et Transjurane.	**9. — EMPIRE D'OCCIDENT RÉTABLI, ET TRANSFÉRÉ AUX ALLEMANDS.** Le titre d'empereur rappelait de grands souvenirs, et sur-tout était cher aux Romains. Les papes voulaient un protecteur puissant; mais son séjour à Rome leur vint porté ombrage. Il fallait donc que ce fût un grand prince, et que ce prince fût un étranger. Il n'était pas présumable que Charlemagne quittât son beau royaume de France, l'héritage encore récent de son père et le centre de ses propres conquêtes, pour se reléguer dans l'Italie, qui ne devenoit plus pour lui que l'extrémité de ses états. Dès que le siège de l'empire ne fut plus à Rome, il pouvoit, de la France passer encore ailleurs, et c'est ce qui arriva.	*Bulgares convertis au christianisme. Usage des bains chez les Esclavons. Quatrième concile de Constantinople. Condamnation de Photius. Schisme des Grecs.*
Les Hongrois ravagent l'Italie. (Liaison avec l'invasion des Normands.) Les deux royaumes de Bourgogne réunis en un seul. Usage des chiffres arabes en France.	**10. — INVASIONS DES NORMANDS.** C'est encore une de ces époques marquées par les larmes du genre humain que celle où ces pirates célèbres vinrent renouveler dans toute l'Europe, et jusqu'en Afrique, les scènes sanglantes des Goths et des Vandales. Si l'on voulait remonter aux causes, on pourrait les voir servant en apparence le ressentiment des Saxons réunis à eux.	*Califes de Bagdad dépouillés. Califes Fathimites. Fondation du Caire.*
Invention des notes de musique. Bataille de Hastings. Édit du couvre-feu par Guillaume.	**11. — CONQUÊTE DE L'ANGLETERRE PAR GUILLAUME. RÉGIME FÉODAL.** Guillaume semble fixer en Angleterre cet étrange gouvernement qui pesait presque sur toute l'Europe. Les barbares, ignorans par calcul autant que par nécessité, ne connoissaient d'autre gloire que celle des armes. Dès-lors il n'existe plus que deux classes d'hommes : les vainqueurs et les vaincus; les maîtres et les esclaves. De là plus de commerce, plus de lumières : la barbarie et la superstition sont les relais du monde.	*Invasion des Turcs en Asie. Turcs Seldjoucides.*
Origine des armoiries. Origine des Templiers. Origine des chevaliers de Saint Jean de Jérusalem. Origine de l'ordre Teutonique.	**12. — CROISADES. (Suites.)** Une assemblée politique, celle des états-généraux, que Philippe Iᵉʳ tenoit à Clermont, se change en un concile; et à son tour, cette assemblée religieuse prépare les événemens politiques les plus étonnans qui vont encore remplir le monde. Dans le premier siècle, succès et revers balancés, gloire et malheurs; dans le second, revers sans partage, malheurs sans gloire.	*Royaume de Jérusalem. Royaume de Chypre, &c.*

Événemens contemporains d'Occident	Suite des SIÈCLES DES PRINCIPAUX ÉVÉNEMENS, &c.	Événemens contemporains d'Orient
Découverte de la boussole. Bataille de Bouvines. Charte de Jean-Sans-terre. Bataille de Tailleburg. Vêpres Siciliennes.	**13. — EMPIRE DES LATINS. CONQUÊTES DE GENGISKAN.** Depuis l'expulsion des Huns du nord de l'Asie orientale, le tiers du monde connu n'a cessé d'être en proie à des invasions, dont les plus nombreuses datent du cinquième siècle. Que de noms nouveaux dans l'histoire à cette époque ! (Voy. Personnages.) Suivent les Lombards dans le sixième siècle; les sectateurs de Mahomet, sous les noms d'Arabes, de Maures, de Sarrasins, dans le septième et le huitième; les Normands dans le neuvième et le dixième; les croisades qui dévorèrent l'Asie dès la fin du onzième et dans tout le douzième siècle, en ouvrant aux Latins les portes de Constantinople, ont au moins contribué à éclairer l'Occident. Enfin, dans le treizième (dont il s'agit ici), et dans le quatorzième qui suit, les conquêtes de Gengis et de Timur vont continuer de bouleverser l'Asie.	*Invasion des Mongols en Russie, en Pologne, en Silésie, en Hongrie, &c. Mameluks en Égypte. Invasion de la Chine.*
Destruction des Templiers. Bataille de Crécy. Réunion du Dauphiné. Combat de [...] dont Bruxelles, &c. Ordre de la Jarretière. Bataille de Poitiers. Usage du canon.	**14. — GUELFES ET GIBELINS. SCHISME D'OCCIDENT.** La rivalité des papes et des empereurs continue; elle est même ici portée à son comble : la translation du saint-siège à Avignon et le schisme en sont la suite. Ce qu'il faut nous empresser de remarquer, c'est qu'au milieu de ces dissensions commence à percer l'aurore de la littérature et des arts; l'Italie s'éclaire, dédommagement tardif de huit siècles de désastres et de ténèbres. Pétrarque, du sein de Vaucluse, regrettant toujours le sol qui l'a vu naître, ne cessait d'inviter les papes et les empereurs à retourner à Rome, comme si l'Italie eût pu porter à-la-fois un successeur de Saint Pierre et des Césars.	*Chevaliers de Saint Jean de Jérusalem à Rhodes. Turcs en Europe. Prise d'Andrinople par les Turcs.*
Bataille d'Azincourt. Ordre de la Toison-d'Or. Imprimerie. Peinture à l'huile. Établissement des postes. Les Français à Naples, &c. Cap de Bonne-Espérance découvert. Découverte de l'Amérique.	**15. — FACTIONS EN ANGLETERRE. GUERRES D'ITALIE.** Le régime féodal vient d'être insensiblement anéanti dans toute l'Europe; elle le doit encore à l'Italie, c'est un des bienfaits de ses écoles. Les déchiremens de l'Angleterre avoient aussi contribué à rendre le calme à la France, qui, délivrée des troubles intérieurs, s'empresse de porter la guerre au sein de l'Italie sa bienfaitrice. Tout ce qui se passe dans l'Europe à l'époque de ces guerres célèbres, s'y rattache d'une manière sensible : on sait la part qu'y prirent Maximilien et Ferdinand. Si le roi d'Angleterre attaque la France, si le roi d'Écosse, allié de la France, entre en Angleterre, c'est pour opérer l'un et l'autre une diversion, toujours suite de ce grand événement.	*Bataille d'[...]gm. Usage du café chez les Arabes. Fin de l'empire de Trébizonde.*

Événemens contemporains d'Occident	Suite des SIÈCLES DES PRINCIPAUX ÉVÉNEMENS, &c.	Événemens contemporains d'Orient
Décadence du commerce de Venise, de Gênes, &c. Portugais et Espagnols, puissances dominantes sur mer. Découvertes australes. Collège royal de France. Révolution de Suède. Guerre de la Ligue. Massacre de la Saint-Barthélemi.	**16. — EFFETS DES DÉCOUVERTES, ET DES TROUBLES RELIGIEUX.** C'est à la fin du siècle précédent qu'eurent lieu les découvertes les plus importantes qui aient jamais été faites sur la terre; mais les effets ne datent que de celui-ci. La prise de Constantinople, par les Turcs, prépara leur puissance dans la Méditerranée; leurs vexations contribuèrent à la découverte du cap de Bonne-Espérance, à laquelle semble se lier celle de l'Amérique. A ces causes générales et contemporaines d'une nouvelle révolution dans l'Europe et dans le monde entier, il faut joindre la réforme, suite des guerres de religion, dont l'influence se fit sentir principalement en Hollande, en Angleterre, en France, en Allemagne et dans le Nord.	*Conquête de l'Égypte 1770 par les Turcs. Conquête de l'île de Chypre. Bataille [de Lépante].*
Avènement des Savans au même d'Angleterre. Guerre de trente ans. Révolution de Portugal. Académie française. Abolition des Jésuites. Académie des sciences. Société royale de Londres, &c. Abolition, manufactures en France. Révocation de l'édit de Nantes. (Suite.)	**17. — PROGRÈS DES ARTS ET DES LETTRES.** Les Médicis en avoient été les protecteurs, l'Italie le berceau, les Grecs le modèle. (L'enchaînement, suite de la prise de Constantinople.) Le flambeau même des guerres civiles semblait avoir allumé à Florence celui des beaux-arts; il en fut bientôt de même dans toute l'Europe. A la suite des dissensions et des guerres les plus sanglantes, l'esprit humain, qui a, pour ainsi dire, été réveillé par le génie des combats, n'a pu se reposer par degrés que dans le sein des arts; et le même feu qui fait les héros, échauffe les savans et les artistes. Le siècle même de Louis XIV a peut-être été préparé par les guerres de la ligue et de la fronde.	*Prise de [...] par les [...]. Règne d'[...]. Révolution dans la Perse. Les Mameluks [...] C'[...]. Traité [...] l'hiver [...].*
Grande guerre du Nord. Abaissement des Bourbons au trône d'Espagne. La Prusse érigée en royaume. Règne d'Henri IV aux renouvelé. Impôt du timbre. (Suite.) En 1768, l'île de Corse cédée à la France. (Suite.) Partage de la Pologne. Révolution française. (Suite.) Gouvernement révolutionnaire. Conquêtes des Français. Nouvelle guerre avec l'Angleterre.	**18. — GUERRE DE SEPT ANS. INDÉPENDANCE DES ÉTATS-UNIS, ET, PAR SUITE, RÉVOLUTION FRANÇAISE.** J'aurais pu placer ici l'agrandissement de la Russie et d'autres puissances; mais je me suis assez étendu sur ce sujet pour ne pas interrompre l'enchaînement des causes les plus prochaines qui ont influé sur la révolution française. Deux ans après la paix de 1763, qui termina la guerre de sept ans, où la France avoit fait de grandes pertes; le célèbre impôt du timbre, suite de l'épuisement occasionné par cette même guerre, prépara, pendant dix ans, par des troubles sans nombre, une nouvelle guerre (celle de l'Amérique), à laquelle la France ne prit que trop de part, d'où, 1.ᵉʳ principes d'insurrection puisés dans une guerre protectrice des insurgens; 2.ᵉ épuisement des finances, &c. telles sont les causes prochaines que je nomme extérieures et générales : les causes intérieures et particulières sont innombrables.	*Imprimerie établie à Constantinople, 1726. Guerre avec la Turquie et la Russie. Troubles [...].*

AMÉRIQUE.

☞ Cette première époque de l'histoire moderne est un temps de ténèbres pour l'Amérique : elle est même pour ce continent tout entier, aux yeux de plus d'un naturaliste, une espèce d'époque anti-diluvienne. En vain les Sanson, les Vaugondi et autres ont voulu y réaliser les chimères de l'Atlantide de Platon, et, ce qui est plus inconcevable encore, nous en donner la carte, y placer les empires et les peuples anciens, &c. ; tout ce que ces systèmes peuvent avoir d'ingénieux, n'est qu'une preuve de plus de leur fausseté. C'est dans ses monumens qu'il faut étudier cette contrée : ceux qui ont le mieux lu dans le grand livre de la nature, peuvent seuls nous donner l'histoire de l'Amérique, et nous dire moins ce qu'elle a été, que ce qu'elle n'étoit pas. En observant le sol, les productions (seuls débris des siècles écoulés où l'on retrouve des traces de ce qui n'est plus), on a cru apercevoir dans ce continent, quoique bien plus élevé que le nôtre, ou du moins dans la partie qui penche vers notre océan Atlantique, tous les caractères d'un terrain nouvellement sorti du sein des eaux ; et peut-être, d'après les mêmes calculs et les mêmes conjectures, à l'époque de l'ère vulgaire, en étoit-il encore presque entièrement enveloppé.

Quoique Pinkerton observe qu'on ne trouve chez les nations américaines aucun des traits remarquables qui distinguent les habitans de l'Asie orientale, on peut encore admettre, comme l'opinion la plus vraisemblable, que l'Amérique paroit s'être peuplée par le nord-est de l'Asie, sur-tout quand le même auteur affirme, avec d'autres observateurs dont les noms seuls semblent faire autorité, que plusieurs peuples de l'Asie septentrionale étoient indubitablement originaires de l'Amérique; par la raison qu'ils n'ont point les traits des habitans de l'Asie. D'après cette opinion, il y a donc eu en Asie des peuples qui ont une origine commune avec quelques peuplades américaines. Qu'importe à présent de quel côté l'émigration a dû se faire! il y a eu communication ; c'en est assez pour notre système. Ajoutons, avec le géographe, que les Esquimaux sont de la même race que les Samoïèdes d'Asie et les Lapons d'Europe, seul point, dit-il, sur lequel les observateurs semblent d'accord.

☞ Les auteurs anglais de l'Histoire universelle fondent l'idée d'une excursion des Huns en Amérique, sur leur incursion en Europe au cinquième siècle ; aucun monument historique ne confirme cette conjecture : elle sera même presque entièrement détruite au moins pour cette époque, si l'on réfléchit que les causes de cette émigration des Huns vers l'occident étoient bien antérieures au cinquième siècle.

M. de Guignes a cru aussi reconnoître, dans les annales de la Chine, un voyage fait par les Chinois, l'an 458 de notre ère, sur les côtes de la Californie : cette opinion est réfutée par la carte même dont le savant accompagne son mémoire.

Beaucoup d'écrivains présument que l'Asie et l'Amérique, au nord, d'abord unies par un isthme, ont été divisées par un tremblement de terre. Parmi les raisons qui font conjecturer que les peuples de l'Amérique descendent de l'Asie, on peut remarquer que Quiviva et toute la partie occidentale paroissent beaucoup plus peuplées que les autres parties de ces contrées. Le peuple de Quiviva, le plus proche de l'Asie, en suit les usages, les saisons, et fait paître ses bestiaux comme les Tartares.

Comme il est très-difficile de dire quelque chose de vraisemblable sur l'Amérique, pour un temps où elle n'a point d'histoire, nous poserons quelques bases d'après les principes que nous avons établis dans la colonne précédente.

☞ Si l'on admet, d'après les meilleurs auteurs, la réalité d'une inondation considérable arrivée plus tard dans le nouveau continent que dans l'ancien, on conçoit que les individus échappés à cette catastrophe n'ont pu avoir d'asyle que sur les montagnes et les principales élévations, d'où leurs descendans se seront successivement dispersés vers les différens points de la surface habitable.

Il importe d'observer que c'est au pied des montagnes et sur leurs cimes qu'on a découvert les peuples les plus anciennement réunis et les plus nombreux, comme les Péruviens sur le penchant des grandes Cordillères, à la côte occidentale, les Brésiliens au bas des petites Cordillères, à la côte opposée : toutes les hordes répandues dans la Floride, dans la Virginie, dans les Antilles et les Lucayes, étoient venues jusque là du haut des monts Apalaches. Les habitans de la Guiane, qui occupoient les rivages de la mer, étoient descendus de l'Arinq. Ceux du Chili sortent que leurs ancêtres avoient vécu au haut des Andes, et que leur descente dans la plaine étoit récente : quant aux Mexicains, il est probable qu'ils tiroient aussi leur origine d'un peuple qui avoit d'abord séjourné dans la partie méridionale des Apalaches.

☞ Quelques auteurs placent vers cette époque (celle de Charlemagne), en 820, les sept ou six nations des Navatlaques. (Voy. ci-après, vers 1200.) Nous ne garantissons pas plus cette date que les précédentes.

Suivant la tradition fabuleuse ou plutôt allégorique des Mexicains, à une époque qu'il est impossible de déterminer, Coxcox et sa femme survivent à la race humaine ensevelie sous les eaux d'un déluge, phénomène imprimé dans le souvenir de toutes les nations du nouveau monde; ils arrivent près d'un lac au pied de la montagne de Colhuacan. Parmi les peuples de là contrée, les Navatlaques furent regardés comme les plus polis des descendans de Coxcox : mais impressionnons-nous d'arriver à des événemens plus reconnus, quoique non moins extraordinaires.

☞ Nous devons faire mention ici de la découverte du Groënland, en 982, par les Norwégiens, puisqu'il est maintenant universellement reçu que le Groënland fait partie de l'Amérique : cette colonie subsista jusqu'en 1348; elle a été depuis ou détruite, ou si fort négligée qu'on en ignore le sort actuel.

☞ En 1003, par suite de la découverte précédente, ils firent la découverte d'un autre pays qu'ils nommèrent Vinlande, et qui doit être cherché, selon Mallet, sur les côtes du Labrador, ou dans l'île de Terre-Neuve. Quoique nous ignorions les suites de cet événement, il est parlé plusieurs fois de la Vinlande dans les chroniques Islandaises; il est fait mention d'un prêtre saxon qui alla en Vinlande dans le dessein de convertir la colonie Norwégienne. En 1121, un évêque de Groënland, nommé Eric, s'y rendit dans la même vue, mais on ignore avec quel succès : depuis ce temps, il paroît que la Vinlande commença à être oubliée peu-à-peu dans le nord; enfin on en perdit entièrement le souvenir, tandis que les Norwégiens de Vinlande eux-mêmes, n'ayant plus de commerce avec l'Europe, se mêloient avec les barbares leurs voisins, ou étoient détruits par eux. Cet événement, quelque curieux qu'il paroisse, n'ôte rien à la gloire de Christophe Colomb, qui n'a jamais eu connoissance de ces expéditions, et qui, quand une tradition vague l'en eût instruit, ne pouvoit soupçonner aucun rapport entre ces contrées et celles qu'il espéroit découvrir : je dis qu'il espéroit ; car Colomb, trompé par les relations des voyageurs sur l'étendue de l'Asie, se flattoit d'arriver aux Indes ; ce qui a fait donner à l'Amérique le nom d'Indes occidentales. Ainsi l'erreur d'un grand homme lui a survécu, comme les découvertes de son génie.

☞ Il est temps d'arriver à notre époque célèbre de 1492, où Christophe Colomb aborda le premier dans ce nouvel hémisphère ; il découvrit, cette même année, l'île de Guanahani, à laquelle il donna le nom de San-Salvador, et bientôt après Cuba et Saint-Domingue, où il fonda, l'année suivante, une ville qui fut le premier établissement européen dans ces contrées.

☞ Cependant les Navatlaques, divisés en six peuples, fondent différentes villes aux environs des montagnes et du lac dont nous avons parlé. Acosta ne place cet établissement que trois siècles avant l'invasion des Espagnols ; ce seroit donc vers 1200. Alors l'arrivée des Mexicains qui transportent le siège de leur puissance sur les bords du même lac, seroit postérieure à cette époque.

☞ Quoi qu'il en soit, on place également vers 1200 le règne de Manco-Capac, premier roi, premier législateur, premier pontife du Pérou; et la tradition confirme que ces deux empires, celui du Mexique, dans l'Amérique septentrionale, celui du Pérou, dans l'Amérique méridionale, les seuls états policés du nouveau continent, furent à-peu-près contemporains, acquirent la même domination dans l'une et l'autre Amérique, et eurent à-peu-près la même destinée. Quelques auteurs font remonter avant 1100 le règne de Manco-Capac.

Mexico est situé au milieu d'un lac, et son nom signifie une source. Dieu ne portoit point de nom parmi les Mexicains, parce qu'ils n'avoient point de terme pour l'exprimer en leur langue. Les Péruviens lui donnent celui de Pachachamac, c'est-à-dire, celui qui soutient l'univers. L'année commençoit au printemps chez les Mexicains; ils ajoutoient à la fin cinq jours supplémentaires, avec la différence que leurs mois étoient au nombre de dix-huit, et de vingt jours seulement. La royauté étoit élective; les conquêtes nécessaires à l'élection du candidat expliquent la rapidité avec laquelle cet empire s'étoit étendu : au Pérou, les Incas avoient divisé le leur en quatre parties, qu'ils appeloient les quatre parties du monde, car ils les rapportoient aux points cardinaux. La ville de Cusco en étoit comme le centre, et son nom signifioit le nombril de la terre. Les maisons étoient bâties en décrivant un cercle. (Ne seroit-ce point une allusion au disque du soleil, dont le culte étoit si fort en honneur chez les Incas, qu'ils se disoient ses fils!) Ne semblent-ils pas avoir été en effet ses enfans d'adoption, quand on songe qu'ils habitoient à-la-fois sous la Ligne, sous l'immédiate direction du soleil, et pourtant dans un climat tempéré, à cause de la hauteur extrême du sol et de ses montagnes!

☞ Sans nous arrêter à toutes les découvertes, nous allons indiquer successivement les principales. En 1499, celle de la terre-ferme par Améric-Vespuce, qui donne son nom au nouveau monde, est bientôt suivie de celle du Brésil par les Portugais en 1500 […] Ponce de Léon aborde dans la Floride en 1512 : mais la plus célèbre de ces expéditions est celle de Cortez au Mexique, en 1519. Vingt-six ans s'étoient écoulés depuis le premier voyage de Colomb, qu'on ne soupçonnoit pas encore l'existence des royaumes du Mexique et du Pérou. À l'exemple de Cortez, Pizarre, arrivé au Pérou en 1526, en fait la conquête quelques années après, toujours au nom de l'Espagne. Les divisions survenues entre Atabalipa (douzième et dernier des Incas) et son frère, furent favorables à Pizarre. Ce nom d'Inca signifie seigneur de sang royal. Le Mexique étoit au plus haut point de sa grandeur; presque tous les Caciques voisins étoient ses tributaires. Montézuma, nom qui signifie le prince sévère, en étoit le onzième roi, et Guatimozin (comme Atabalipa au Pérou) fut le douzième et le dernier. Il n'entre point dans mon plan de dire toutes les cruautés exercées par les Espagnols dans ces malheureux pays. Je passe à l'histoire des États-Unis. En 1607, le premier établissement durable fut formé dans la Virginie.

☞ Dans l'intervalle de 1621 à 1667, se forme et se consolide l'établissement des Anglais dans l'Amérique septentrionale. Les colonies de la nouvelle Angleterre, dit Pinkerton, avoient, par des actes réitérés, manifesté contre l'autorité un esprit d'opposition qui leur sembloit naturel. La paix de 1763, d'après une guerre ruineuse, fut couronnée par la cession du Canada, dont la conséquence fut l'anéantissement du pouvoir de la France dans l'Amérique septentrionale : mais la suite de cette acquisition fut la perte de l'Amérique, tant la prudence humaine lit peu dans le grand livre de l'avenir.

☞ La cession du Canada, en 1763, ne précède que de deux ans le fameux acte du timbre, origine de tous les troubles de l'Amérique, et d'une guerre à laquelle la France ne prit que trop de part, terminée en 1783, six ans avant la révolution. Les vaisseaux qui ont donné des secours aux États-Unis, en rentrant dans les ports de la France, y rapportent les principes qu'ils ont défendus.

En 1789, Washington est installé président des États-Unis. Après sa mort, une courte mésintelligence s'élève entre la France et les Anglo-Américains, qui bientôt se rappelant leurs anciens traités, rentrent dans l'alliance de la France.

☞ Le renouvellement du traité d'amitié et de commerce est signé à Paris en 1800.

CHINOIS ET JAPONOIS.

☞ L'an 1.er de l'ère vulgaire, régnoit, depuis trois ans, le onzième empereur de la dynastie des Han; ou plutôt un ambitieux, nommé Vam-man, régnoit en son nom. Après l'avoir fait mourir, il continua de régner sous son successeur, et prit la place de ce dernier. Les Huns profitent de ce temps de troubles pour disputer leur liberté aux Chinois (suites); mais bientôt le tyran périt victime de son ambition, et le trône ne sortit point de la dynastie des Han, qui protégea les sciences.

L'an 65, la religion de Fo introduite à la Chine.

L'an 93 et suivantes, les Chinois conquérans sous le général Pan-Chao. (Voy. Époques générales.)

L'empire étoit devenu si vaste qu'il penchoit vers sa ruine. Pan-Chao, à plusieurs reprises, avoit fait trembler tous les royaumes de la petite Bucharie. L'origine de ces guerres remonte à l'an 25 avant J.-C., où le roi de Samarcande avoit tué des ambassadeurs chinois (suites pendant plus d'un siècle). Influence générale. Dans la dynastie des Han, qui dura quatre cent vingt-huit ans, sous vingt-cinq empereurs, minorités presque successives; ce qui amena sa ruine en 220 ou 221 (à l'époque où finit l'empire des Parthes, en 226). Jusqu'en 255, l'empire est divisé en trois royaumes, et la sixième dynastie, nommée Heou-Han, ne compte que deux empereurs. La septième dynastie, dite des Tcin, qui compte quinze empereurs dans l'espace de cent cinquante-cinq ans, nous conduira jusqu'au temps de Pharamond, à l'an 420, époque des invasions, pour la Chine également, qui est partagée en deux empires; celui du nord occupé par quatre familles, presque toutes Tartares, et celui du midi où régneront cinq familles chinoises. Nous ne suivrons chronologiquement que ces dernières.

Au Japon, la dynastie des Dairi, dont la tige avoit été Sin-Mu, l'an 660 avant J.-C., continue plus de huit siècles de lui donner des empereurs, jusqu'à l'an 200 de l'ère vulgaire, où une femme monte sur ce trône, qu'elle remplit glorieusement, et qui est resté dans la même famille jusqu'à nos jours. (Voy. le Tableau d'histoire ancienne.) Cette princesse n'a que deux successeurs dans le troisième et le quatrième siècle, jusqu'en 399. Ici les règnes des Dairi vont commencer à être bien moins étendus, ce qui peut donner à penser que les Japonois se sont plus rapprochés de leur véritable manière de compter, et que leur chronologie précédente n'est pas exempte d'erreur, (à examiner.) On peut ajouter, à l'appui de cette conjecture, que ce n'est qu'au commencement du quatrième siècle de notre ère qu'ils adoptèrent les caractères chinois.

J'ai dit que les Chinois avoient été nos maîtres en morale; on peut ajouter que leurs philosophes ont parlé de cette vertu née du christianisme, appelée humilité, dont le nom a été inconnu aux sages du paganisme. Les Chinois sont le seul peuple qui n'ait point séparé la morale de la politique, et qui en ait fait l'application à l'ordre civil.

☞ En 420, à la Chine, huitième dynastie des Song, qui dure cinquante-neuf ans, sous huit empereurs, presque tous cruels ou foibles, et dont les derniers sont immolés à l'ambition d'un premier ministre habile, qui rappelle nos maires du palais. La dynastie suivante des Tsi, qui compte cinq empereurs en vingt-trois ans, termine, en 502, ce siècle de troubles et de malheurs. Deux changemens de dynasties, le nombre des empereurs de la seconde dans un si court espace, tout indique que cette époque est une des plus désastreuses pour la Chine; elle se lie à l'espace de malheurs indiqué par Robertson. (Voy. Époques générales.) Il en est à-peu-près de même au Japon; il paroit que l'empire avoit joui long-temps en paix de l'ouvrage de Sin-Mu; mais l'an 499, il eut, pour vingt-cinquième Dairi, le plus féroce tyran qui ait régné, non-seulement dans ces contrées, mais dans l'univers entier. On souffre à rapporter les traits de sa barbarie.

Mais enfin, l'an 578 (dix ans après l'établissement des Lombards, et quarante ans avant l'hégire), un autre Titus sur le trône du Japon, ordonne, par un édit, qu'en six différens jours de chaque mois, tout être vivant seroit mis en liberté, et que ses sujets qui n'en auroient pas en leur pouvoir, en achèteroient pour n'avoir occasion de donner ces jours-là des preuves publiques de leur bienfaisance.

☞ Cependant, à la Chine, la dixième dynastie, nommée Léang, depuis l'an 502, avoit duré cinquante-cinq ans sous quatre empereurs (de Clovis à Clotaire inclusivement), et la onzième empereur, vers 580; la douzième, nommée Souy, vingt-neuf ans, sous trois empereurs, jusque vers 610, (donna deux ans avant Mahomet.) Ici finit ce qu'on nomme les cinq petites dynasties qui ont ravagé la Chine pendant près de deux siècles (quelques auteurs n'y comprennent point celle des Souy); temps de dévastation par toute la terre. Nous allons voir s'élever un nouvel ordre de choses.

L'an 618 commence la treizième dynastie, nommée Tang, qui dura deux cent quatre-vingt-dix ans, sous vingt empereurs, et fut très-puissante en Tartarie: espace de près de trois siècles de repos et d'une sorte de prospérité jusqu'en 907. C'est vers cette époque qu'on place l'usage de l'imprimerie à la Chine. En 719, le roi de Samarcande y envoie un traité d'astronomie, (à développer.)

Comme il nous suffit d'avoir une connoissance superficielle de la chronologie du Japon, remarquons qu'il compte huit empereurs dans le cinquième siècle, de 405 à 506; huit encore dans le sixième, terminé par le règne d'une seconde princesse qui gouverne jusqu'en 628; huit de même dans le septième jusqu'en 707; idem dans le huitième jusqu'en 805, (époque de Charlemagne.)

☞ Hien-Song, onzième empereur de la treizième dynastie, à qui l'histoire ne reproche que son penchant à la superstition, prince d'une intelligence admirable dans les affaires, d'une égale promptitude dans l'exécution, d'une fermeté inébranlable, et d'un zèle infatigable pour le bonheur de ses sujets, étoit contemporain de Charlemagne, (en 828.) Ce fut de même sous son fils que la famille impériale commença à déchoir de sa splendeur. Les princes suivans achevèrent sa ruine. En 864, les livres de Confucius furent apportés au Japon.

Depuis l'an 907 jusqu'à l'an 969, les troubles vont recommencer à la Chine, plus violens que jamais sous les cinq dernières petites dynasties, appelées Heou-ou-Tai (les cinq familles postérieures), dont la première dure seize ans sous deux empereurs, la deuxième treize ans sous quatre empereurs, la troisième onze ans sous deux empereurs, la quatrième quatre ans sous deux empereurs, et la cinquième neuf ans sous trois empereurs; ce qui complète dix-huit dynasties. Nous en avons annoncé vingt-deux (voy. Tab. d'hist. anc.), et nous sommes arrivés à l'époque d'Othon.

☞ Nous commençons ici (en 969) la dix-neuvième dynastie des Song, qui, sous dix-huit empereurs, va protéger les lettres et occuper le trône avec gloire pendant plus de trois siècles, et ne cédera qu'à la grande révolution de toute l'Asie, suite des conquêtes de Gengiskan.

Au Japon, sous Itsi-Dsio, soixante-sixième Dairi, commence, en 987, un règne de vingt-cinq ans, célèbre par les savans illustres qui florissoient à la cour de cet empereur. Nous continuons d'y compter (voy. plus haut) seize Dairis, dans le neuvième et le dixième siècle réunis, jusqu'en 1011; seize encore dans les deux suivans, jusqu'en 1198. C'est vers le milieu du douzième siècle que commence le règne des guerres civiles, qui embrasèrent le Japon; démembrèrent le trône impérial, et c'est l'an 1179 que s'élève l'autorité temporelle des Cubo qui ne laissent aux Dairis que le pouvoir spirituel dont ils jouissent encore. (Voy. Tab. d'hist. anc.) Nous voyons dans ce siècle (en 1159, en 1172, &c.) plusieurs empereurs se faire raser, et embrasser la vie solitaire. On croit lire l'histoire de nos rois de la première race, (rapprochement, longue chevelure, signe de grandeur chez les Tartares, dont les Japonois paroissent descendre ainsi que les nations germaniques.) Mais quand on voit des empereurs monter sur le trône dès l'enfance, et laisser à leurs favoris les rênes de l'empire, suite ordinaire des minorités, la ressemblance va toujours croissant; et dans l'histoire des Cubo, on croit lire l'histoire des maires du palais.

☞ Cependant Hien-Tsong, mort en 1488 (quatre ans avant cette époque), les mit entièrement en déroute. On peut regarder comme une époque pour la Chine cet événement, qui peut-être lui seul a retardé pour long-temps la chute des empereurs chinois.

☞ En 1211, Gengiskan entre dans la Chine à la tête d'une armée nombreuse, et attaque l'empire des Niutché qui dominoient sur la partie septentrionale de la Chine. Cet empire est détruit en 1234, par Oktaï, fils de Gengis. La paix que cet événement produit en apparence dans le fond de l'Orient, va devenir funeste à l'Europe, (expédition et ravages horribles de Batuhan, en Russie, Pologne, Hongrie, &c. voy. ces contrées): cependant la dix-neuvième dynastie (des Song) subsistoit encore dans les contrées méridionales de la Chine. En contribuant à la perte des Niutché leurs ennemis, ils preparèrent leur propre ruine, et cent mille Chinois périrent avec eux.

☞ En 1279, Kublaikan, petit-fils de Gengis, par la destruction des Song, réduisit toute la Chine, entièrement soumise pour la première fois au joug des étrangers, et fonda la vingtième dynastie (des Yuen), qui doit à peine subsister un siècle (quatre-vingt-neuf ans), sous dix princes Mongols. Jusqu'à Kublai, la domination chinoise s'étoit perpétuée par une suite non interrompue de plus de deux cents empereurs. Siège de l'empire transféré à Pékin (au nord); ce mot en dit les raisons.

Le nouvel empereur forme aussi le projet de subjuguer le Japon; mais sa flotte fut dispersée par une tempête, (superstition des Japonois à ce sujet.) Cependant il sembloit toujours qu'il fût de la destinée du Japon d'avoir des enfans pour empereurs (les années 1199, 1222, 1233, 1260, 1299, en offrent des exemples funestes). Dans le treizième, le quatorzième et le quinzième siècle réunis, jusqu'en 1500, nous comptons encore vingt-quatre Dairis. (Voy. siècles précédens.) Ici cesse cette nomenclature presque uniforme, que nous avons ainsi divisée pour aider la mémoire dans un point historique où nous exigerions en vain des connoissances plus étendues.

En 1368, vingt-unième dynastie dite des Ming (princes Chinois), et qui dure deux cent soixante-seize ans, sous seize empereurs. Ce qui doit le plus frapper sous le règne de cette dynastie, c'est que plusieurs de ses empereurs seront prisonniers des Tartares: c'est une preuve que ces barbares étoient encore redoutables.

☞ Sur la fin du quinzième et au commencement du seizième siècle, des missionnaires pénétrent à la Chine, dont jusqu'alors, par des vues politiques, l'entrée avoit été fermée à tous les étrangers, (encore de même aujourd'hui.)

☞ En 1517, des Portugais y abordent par mer, sur la fin du règne de Voutsong, mort en 1521. Son successeur fit réparer la grande muraille. Dissensions, révoltes. Vers la moitié du seizième siècle, nouvelles invasions des Tartares, heureusement repoussées. Cependant ceux connus sous le nom d'occidentaux (Mongous) cessèrent d'inquiéter les Chinois. D'autres, établis à l'orient (appelés, par cette raison, Mantcheoux), descendans des anciens Niutché, foibles dans l'origine, persécutés ensuite, sont appelés pour repousser ces rebelles (imprudence, suites.) Il est vrai que les choses étoient poussées à un point de désordre tel qu'il falloit que l'empire devint la proie des barbares de dehors ou des ennemis du dedans. Il s'étoit élevé tout-à-coup huit rebelles, chacun à la tête d'une armée; et ce fléau contribua encore plus que les Tartares mêmes à renverser le trône et à désoler l'empire.

☞ En 1644 (seconde année du règne de Louis XIV), vingt-deuxième dynastie des Tsing (Tartares Mantcheoux); les maîtres de la Chine ont changé, les mœurs sont restées. Les Chinois ont soumis leurs vainqueurs à la sagesse de leurs lois. Kam-Ki, le second et le plus célèbre de cette dynastie, est un des souverains qui aient le plus long-temps régné, (de 1661 à 1722.) Son nom a mérité l'admiration de l'Orient et l'attention de l'Europe; il laissa quatorze fils, et déclara le quatrième pour son successeur. Kien-Long, son petit-fils et son arrière successeur, a régné, comme lui, soixante-un ans, (de 1735 à 1796. Voy. ci-après.)

☞ En 1743, démêlés de l'amiral Anson avec les Chinois.

Au Japon, il n'avoit existé, depuis le seizième siècle, que neuf Dairis jusqu'à la fin du dix-septième, et les annales des empereurs, tant ecclésiastiques que militaires, finissant pour les Européens en 1692, nous n'avons point de données certaines sur le dix-huitième siècle.

☞ A la Chine, en 1796, Kien-Long, chargé de gloire et d'années, abdique, à quatre-vingt-dix ans, en faveur de son dix-septième fils aujourd'hui régnant. Cette longue postérité, le lieu de la scène, tout dans un événement passé de nos jours, nous reporte au temps primitifs, et nous rappelle les mœurs patriarcales.

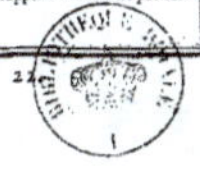